Das Bündnis der Planeten:
Die ersten Botschaften

Band 3: März 1974

L/L Research (Louisville, Kentucky)

Übersetzung: Jochen Blumenthal

Das Gesetz des Einen-Verlag (Deutschland)

Das Bündnis der Planeten: Die ersten Botschaften
Band 3: März 1974
ISBN 978-3-949308-40-6
Reihe *Gesamtarchiv Bündniskontakt* A) Die frühen Jahre (1972 – 1980)
Copyright © 2022 Das Gesetz des Einen-Verlag (Deutschland), J. Blumenthal
Bessemerstr. 51, 1. OG, 12103 Berlin
Ausgangsmaterial: Copyright © L/L Research (Louisville, Kentucky)
Übersetzung: Jochen Blumenthal

Inhaltsverzeichnis

Vorwort und ein Hinweis

Liebe Leser*innen und Interessierte,

die L/L Research-Initiative geht auf den Piloten, Ingenieurs-wissenschaftler und Paranormalitätsforscher Don Elkins († 1984) zurück, der ab den späten 1950er-Jahren Channeling-Experimente im Umfeld von UFO-Kontaktierten kennenlernte und später selbst durchführte. Im Jahr 1972 wurde die Non-Profit-Organisation L/L Research (in Louisville, Kentucky) gemeinsam von ihm und Carla L. Rückert († 2015) gegründet, die ab 1962 dazustieß und ein Kind in siebter Generation einer Auswanderfamilie aus Deutschland war.

Bis heute sprechen, nach eigenen Aussagen, außerirdische Wesen durch die ausgebildeten „Instrumente" der offenen Channeling-Gruppe, deren Arbeit von Jim McCarty, dem dritten Mitglied im Ra-Kontakt, der von 1981-84 stattfand hat, fortgeführt wird.

Mit dem dritten Band der Reihe "Das Bündnis der Planeten: Die ersten Botschaften" vertiefen sich die Arbeit und die Inhalte der 1974 noch sehr jungen Channeling-Organisation L/L Research.

Don Elkins als - mehr oder weniger - erfahrener Gründer und Carla Rückert als fortgeschrittene Studierende im Channeling übernahmen zu dieser Zeit meist den Hauptteil der Kommunikationen als Instrumente. Aber auch die nicht namentlich erwähnten, oft "neuen Instrumente" werden zum Sprachrohr für das Bündnis der Planeten und üben ihre Fähigkeiten.

Inhaltlich sind überraschende, tiefsinnige und faszinierende Aussagen in den Botschaften von, in der Regel, Hatonn zu finden. Beispielsweise stellt er in einer Botschaft einen Bezug zwischen dem Narrativ des "Turmbaus zu Babel" und dem menschlichen Verlust von telepathischen Fähigkeiten her. Auch "derjenige, der als Jesus" bekannt ist, wird von Hatonn mehrmals mit Interpretationen seines Wirkens beschrieben, die man so selten gehört oder gelesen hat.

Diese Sammlung enthält Channeling-Sitzungen des ersten wirklich „aktiven Jahres", die L/L Research aufgezeichnet, transkribiert und öffentlich gemacht hat, in einer deutschen Übersetzung von Jochen Blumenthal.

Zu Wort kommen in den Botschaften dieser Sammlung mehrere Bündnis der Planeten-Mitglieder, die immer wieder in den Jahren bis 1985 durch die L/L Research-Gruppe gesprochen haben. Manche wie Laitos und Hatonn nehmen auch in heutiger Zeit eine aktive Rolle in der Channeling-Arbeit von L/L Research ein. Andere, wie Oxal sind im Laufe der Zeit in den Hintergrund getreten, vor allem seitdem das Prinzip von Q'uo, in dem drei Bündnismitglieder aus unterschiedlichen Dichtestufen vereint sprechen, zum Hauptkontakt von L/L Research geworden ist.

Laut eigenen Aussagen und im Verständnis der L/L Research-Initiative sind die Mitglieder dieses Bündnisses der Planeten im Dienst des Einen Unendlichen Schöpfers[1] positiv orientierte, außerirdische Bevölkerungen, die mit uns Kontakt aufgenommen haben. Sie, und auch wir, möchten eine Anmerkung zum Inhalt dieser telepathisch übermittelten Botschaft voranstellen:

Diese telepathischen Channeling-Botschaften wurden Abschriften der wöchentlichen Studien- und Meditationstreffen der Rock Creek Research & Development Laboratories und L/L Research aus Louisville in Kentucky (USA) entnommen und ins Deutsche übersetzt. Sie werden in der Hoffnung zur Verfügung gestellt, dass diese Informationen für Sie nützlich sein werden. Wie die Bündnis der Planeten-Mitglieder immer wieder betonen: Verwenden Sie bitte Ihr eigenes Unterscheidungs- und Urteilsvermögen bei der Einschätzung dieser Botschaften. Falls etwas für Sie wahr klingt, dann lassen Sie sich gerne davon inspirieren. Falls etwas nicht in Resonanz mit Ihnen steht, lassen Sie es einfach beiseite, denn weder wir noch jene des Bündnisses möchten ein Hindernis für Ihren persönlichen, spirituellen Weg sein. Vielen Dank.

Wir wünschen viel Freude und tiefe Erkenntnisse, und Liebe und Licht, mit diesen ersten Botschaften vom Bündnis der Planeten.

Der *Das Gesetz des Einen*-Verlag
und L/L Research

---

[1] Im englischen Original *Confederation of Planets in the Service of the One Infinite Creator*.

Sitzungsübersicht

Sitzung vom	Themen
2. März	Ein Kanal sein; Dienst; Meditation; Illusion; Realität; Einfachheit; Wahrheit
3. März	Die Mission des Bündnisses; das Konzept von Kreisläufen und Zyklen, Einheit
4. März	Konditionierung
6. März	Dienst an Anderen; Wahrheit; Einheit; Vertrauen; Traum/Realität
8. März	Meditation; Suche; Licht; Einheit; Traum/Realität; Ziel
9. März	Suche; Bewusstheit; Einfachheit; Spiritualität; Zeit & Raum
10. März	Dienst an Anderen; die ursprüngliche Schöpfung; Wahrheit; Einheit; die physische Illusion
11. März	Das Konzept von Schwingung; die physische Illusion
17. März	Channeling; den Geist klären; Bewusstheit; Meditation
18. März	Intellekt / Verstand; Fortschritt; Kanäle; Konditionierung
19. März (1)	Konditionierung; Meditation; Energie; Dienst; Ernte; spirituelle Entwicklung; UFOs
19. März (2)	Suchen; Evolution; Verständnis; Bewusstsein; Jesus; Reaktionen; Realisierung; Illusion
23. März	Das Konzept von Kreisläufen und Zyklen; Suche; freier Wille; Jesus; Verständnis; Wahrheit; Lektionen

24. März	Die Anwesenheit von UFOs; Reichtum; Telepathie; Trennung; Wissen
28. März	Turmbau zu Babel; Telepathie; Illusion; Meditation; Realität; Freude; Potenziale; Wunsch; Jesus; Ausdrücken und Demonstrieren; Zeit; Wahrheit

2. März 1974

Samstagsmeditation

(Empfangen von Don.)

Ich grüße euch, meine Freundinnen und Freunde, in der Liebe und im Licht unseres unendlichen Schöpfers. Es ist ein großes Privileg, heute Abend bei euch zu sein. Ich bin Hatonn. Ich bin Hatonn vom Bündnis der Planeten im Dienst des Unendlichen Schöpfers.

Ja, meine Lieben, im Dienst des unendlichen Schöpfers. Es gibt zwei Möglichkeiten. Eine ist, im Dienst des unendlichen Schöpfers zu sein. [Und] eine ist, in anderer Weise zu sein. Die Definition von „im Dienst des unendlichen Schöpfers" ist sehr einfach. Sie trifft auf diejenigen zu, die, in diesem unendlichen Universum, mit einem Zweck vorangehen, von dem sie verstehen, dass es ein Zweck ist, der von ihrem Schöpfer gewünscht wird. Diesen Zweck haben sie durch ein Verständnis der Prinzipien festgestellt, die diese Schöpfung leiten.

Es gibt viele Möglichkeiten, dem unendlichen Schöpfers zu dienen. Wir zeigen nur einen dieser Wege. Es ist für einen Menschen jederzeit möglich, Kenntnisse über diesen Dienst zu zeigen. Dazu müsst ihr verstehen, was ihr tut. Um zu verstehen, was ihr tut, müsst ihr meditieren und das Wissen nutzen, das vom Schöpfer von uns allen zur Verfügung gestellt wird.

Auf eurem Planeten gibt es zu dieser Zeit viele, viele Individuen, die viele, viele Dienste ausführen. Sehr wenige dieser Dienste sind, jedoch, Dienste einer Art, die wir als im Dienst unseres unendlichen Schöpfers betrachten würden. Wir finden, dass, auf diesem Planeten, der Mensch hauptsächlich damit beschäftigt ist, sich selbst zu dienen.

Es gibt viele Wege zu dienen, und es gibt viele Versuche zu dienen. Ein großer Teil des auf diesem Planeten geleisteten Dienstes, der ein Versuch ist, wie wir es tun, unserem Schöpfer zu dienen, ist jedoch kein Dienst dieser Art.

Der Grund dafür ist immer der gleiche. Es ist wegen eines Mangels an Meditation. Wir haben euch viele, viele Male gesagt, dass Meditation notwendig ist. Das ist die wichtigste Wahrheit, die wir euch bringen, denn wenn man Meditation praktiziert, hat man keine Fragen hinsichtlich Dienst.

Alle von euch hier heute Abend wünschen sich zu dienen, und alle von euch dienen und werden in einem sogar noch größeren Ausmaß in der nahen Zukunft dienen. Jedoch, um von höchst effizientem Dienst zu sein, ist es notwendig sich für diesen Dienst mit täglicher Meditation vorzubereiten.

Auf einem Planeten wie eurem, der überhaupt nicht an Dienst gewöhnt ist, kommt es zu erheblichen Schwierigkeiten darin, eurem Mitmenschen zu dienen. Und er benötigt diesen Dienst sehr dringend. Es ist für uns vom Bündnis der Planeten sehr schwierig, dem Mensch auf der Erde zu dienen. Der Mensch auf diesem Planeten ist extrem verwirrt. Zum größten Teil hat er die Realität fast vollständig aus den Augen verloren. Er hat sich eine Vielzahl von Illusionen aufgebaut, und diese Illusionen sind so stark, dass er sich selbst in sie eingeschlossen hat und ihm nicht gedient werden kann.

Aus diesem Grund wird es für ihn notwendig sein, die starke katalytische Wirkung seiner physischen Umgebung erfahren, um aus seiner selbstgemachten Illusion auszubrechen. Viele jener, die in ihrer eigenen Illusion gefangen sind, sind dennoch von einer Art, dass sie im Licht unseres Schöpfers dienen wollen und begierig darauf sind. Sie werden diejenigen sein, die kontaktiert werden müssen. Sie werden diejenigen sein, die geschult werden müssen. Und das wird ein recht großes Problem sein.

Gruppen wie dieser werden Informationen von uns vom Bündnis der Planeten gegeben werden. Diese Informationen sollten in einer Form sein, die den Vielen zur Verfügung steht, die diese Informationen suchen und verstehen werden, wenn ihre Illusion zerstört ist.

Leider hat es viel Desinformation über uns gegeben, und auch Missverständnisse, selbst von jenen, die sich über uns bewusst sind, über unsere wirkliche Botschaft. Wir haben versucht, eine einfache Botschaft beizubehalten, denn der Mensch auf der Erde hat sich über viele Generationen mit Komplexitäten selbst verwirrt. Wir haben versucht, eine Einfachheit in unseren Lehrern beizubehalten, um den Menschen auf der Erde aus dem Netz seiner verknoteten

Komplexitäten herauszuholen. Was wir hier an jene der Menschen dieses Planeten, die es sich wünschen würden, präsentieren, ist die Einfachheit von Wahrheit selbst, die Wahrheit dieser Schöpfung und die Wahrheit über die Rolle des Menschen in ihr.

Es ist, meine Freundinnen und Freunde, sehr, sehr einfach. Es ist nicht notwendig, im komplexen Netz intellektuellen Suchens verloren zu gehen, auf das der Mensch der Erde so stolz zu sein scheint. Es ist nur notwendig, dass er sich ein Verständnis zunutze macht, das nicht von einer intellektuellen Art ist. Und das kann er in täglicher Meditation tun. Es ist nur notwendig, dass er seine Bewusstheit erhöht, damit er das Verständnis seiner Einheit und seines Einsseins mit der Schöpfung und dem Schöpfer begreift. Das bringen wir dem Menschen der Erde. Das bieten wir in der Hoffnung an, dass er es annehmen wird.

Wir sind dankbar für jene wie ihr, die sich uns anschließen möchten und diese Wahrheit dem Menschen der Erde zu dieser Zeit bringen. Jedoch warnen wir euch vor, dass wir entdeckt haben, dass der Mensch auf diesem Planeten schwer zu unterrichten ist. Deswegen ist es notwendig, dass das Individuum, das danach sucht, uns in unserer Anstrengung die Bewusstheit jener dieses Planeten zu erhöhen zu helfen, es erst tut, nachdem es sich das Verständnis, das nötig ist, durch seine tägliche Meditation zunutze gemacht hat. Wenn es bereit ist, sich uns in einer direkten Bemühung anzuschließen, um jenen seiner Mitmenschen zu helfen, die nach seiner Unterstützung suchen, zu dieser Zeit wird es darüber bewusst sein, dass es bereit ist, denn es wird ihm in seinen Meditationen offensichtlich sein.

Fahrt dann, mit Folgendem im Geist, fort: dass es für ein Individuum notwendig ist, Verständnis zu suchen, um Verständnis zu erreichen; und es ist auch notwendig, dass ihm das gegeben wird, was es wünscht, wenn es das erreichen soll, was es wünscht. Es steht der ganzen Menschheit zu allen Zeiten zur Verfügung. Falls ihr wünscht, als ein Instrument im Liefern dessen, was der Mensch auf diesem Planeten wünscht, zu agieren, macht dies, indem ihr euch selbst vorbereitet. Macht dies durch tägliche Meditation.

Ich hoffe, dass ich euch heute Abend dienen konnte. Ich bin Hatonn. Adonai Vasu.

3. März 1974

Sonntagsmeditation

(Empfangen von Unbekannt.)

Ich bin von jenen, die bewohnen, was den Menschen eures Planeten als fliegende Untertassen bekannt ist.

Ich und meine Brüder [und Schwestern] sind seit vielen Jahren in der Nähe eures Planeten. Wir sind zur jetzigen Zeit in den Wegen von euch Menschen unterrichtet. Wir haben die Menschen eures Planeten viele Jahre lang beobachtet, und wir sind mit den Gedanken der Menschen dieses Planeten vertraut. Und wir sind mit den Gedanken dieser Gruppe vertraut.

Wir kontaktieren Gruppen wie diese seit mehreren Jahren. Wir haben dies durch Individuen so wie dieses, und andere in diesem Raum, getan, die gelernt haben, unsere Gedanken zu empfangen und sie an Andere eures Planeten, die sie wünschen, weitergegeben. Wir möchten unsere Gedanken auf keinen der Menschen dieses Planeten, die sie nicht wünschen, aufdrücken. Aus diesem Grund haben wir es für passend befunden, auf diese Weise zu ihnen zu sprechen, und wir werden fortfahren, auf diese Weise zu ihnen zu sprechen, indem wir die Menschen einsetzen, die hier weilen und sich, wie wir, wünschen, im Namen unseres Schöpfers zu dienen, indem sie uns helfen, den Menschen von Planet Erde, die es wollen, zu geben, was wir von Seinen Gedanken verstehen.

Wir sind hier, um den Menschen dieses Planeten das zu bringen, was wir für das Allerwichtigste für sie zu dieser Zeit halten. Wir denken, dass es eine Sache von Wichtigkeit für die Menschen von Planet Erde zu dieser Zeit gibt. Und das ist ein Verständnis der Wahrheit der [Schöpfung], in der sie leben. Unser Studium der Menschen, [die] diesen Planeten bewohnen, deutet darauf hin, dass fast niemand von [ihnen] die Realität der Schöpfung versteht.

Wir haben festgestellt, dass fast alle Menschen dieses Planeten innerhalb einer Illusion leben, die vom Menschen auf der Erde durch eine Zahl von Jahrhunderten erschaffen wurde. Wir haben festgestellt, dass es zu dieser Zeit sehr notwendig ist, dass den Menschen dieses Planeten, die sich Wahrheit wünschen, diese gegeben wird. Es wird an jenen, die sich Wahrheit wünschen, sein, sie aufzusuchen. Wir werden für sie unser Verständnis zur Verfügung stellen. Ihr Annehmen oder ihre Ablehnung unseres Verständnisses wird ihnen überlassen sein. Das ist unser Verständnis des Plans des Schöpfers. Unser Verständnis des Plans des Schöpfers ist, dass Er für den Menschen in dieser Schöpfung vorsieht, dass er eine völlige Wahlfreiheit besitzt.

Aus diesem Grund stellen wir eine völlige Wahlfreiheit zur Verfügung. Wir drücken den Menschen auf diesem Planeten in keiner Weise eine Notwendigkeit auf, zu akzeptieren, was wir ihnen als unser Verständnis von Wahrheit bringen. Das ist unser Grund für das Kontaktieren der Menschen dieses Planeten durch Instrumente, solche wie dieses, das unsere Gedanken auf eine Weise empfängt, die ihr als telepathisch anseht.

Unsere Schiffe sind viele Male in euren Himmeln gesehen worden. Einige der Menschen dieses Planeten glauben, dass diese Raumschiffe das sind, was sie wirklich sind: unsere Schiffe, Schiffe von woanders her in dieser Schöpfung. Einige der Menschen auf diesem Planeten glauben das nicht. Das ist ihre Wahl, und das ist die Wahl, die wir ihnen zur Verfügung stellen. Das ist unser Verständnis eines der Prinzipien dieser Schöpfung. Es ist notwendig für uns, falls wir innerhalb der Grenzen unseres Verständnisses von Wahrheit operieren sollen, auf eine solche Weise zu handeln, dass wir niemanden etwas aufzwingen, das er oder sie nicht wünscht.

Euer Planet, gemeinsam mit seinen Nachbarn, bewegt sich, wie eure Galaxie, in einen neuen Bereich des Weltraums, in eine neue Schwingung, hinein. In dieser Schöpfung gibt es nichts als Ordnung. Es ist nur notwendig, um euch zu blicken, um die Ordnung und Vollkommenheit dieses Universums zu sehen.

Ihr steht kurz davor, ein Geschenk zu erleben. Dieses Geschenk wird ein neues Verständnis von Liebe sein. Einige von euch haben bereits begonnen, dies zu erfahren, und die Weiterentwicklung findet statt; sie wird Vielen von jenen der Erde immer offensichtlicher werden.

Wir sind hier, um bei dieser Erfahrung zu helfen. Das ist der Grund, warum so viele eurer Brüder aus dem All, wie ihr es nennt, jetzt hier beim Planeten Erde sind. Wir sind hier, um zu dienen und zu helfen, dass der Plan des Schöpfers euch die Liebe bringen kann, die ihr wünscht.

Falls ihr Trennung wahrnehmt, dann ist das Illusion. Wir nehmen keine Trennung wahr. Aus diesem Grund dienen wir uns, indem wir jenen von Planet Erde dienen, die unseren Dienst wünschen. Das ist unsere Mission, und das ist unser Ziel: uns selbst zu dienen, indem wir jenen des Planeten Erde dienen, die unseren Dienst wünschen.

Es ist aber notwendig, dass dieser Wunsch präsent ist. Wir werden unsere Hilfe an alle richten, die unseren Dienst wünschen. Dieser Dienst ist, an jene, die es wünschen, die Schöpfung zu geben. Das ist das einzige Geschenk, das wir haben. Es ist das einzige Geschenk, das existiert. Überall um euch herum ist eine unendliche Schöpfung. Es ist eure, um darum zu bitten. Wir werden sie euch geben, denn es ist von Anfang an eure. Falls ihr annehmen wollt, dann macht es. Alles, was dafür notwendig ist, dass ihr euch dieses Geschenk durch tägliche Meditation zu Nutze macht. Nichts anderes ist notwendig.

4. März 1974

Montagsmeditation

(Empfangen von D.)

Hatonn:

Ich … Ich bin bei euch. Ich bin mit euch im Raum. Ich bin Hatton. Ich bin gekommen, weil ihr mich gerufen habt, und ich wünsche, euch von Dienst zu sein.

Ihr wünscht Versicherung einer persönlichen Art. Konditionierung ist eher [dafür da], euch über unsere Anwesenheit bewusster zu machen. Wenn ihr die Konditionierung spürt, wisst ihr, dass wir bei euch sind. Falls ihr eine Kommunikation unterhaltet, wird euch dies gesendet werden.

Konditionierung hilft auch euch zu versichern.

[Undeutlich]

6. März 1974

Mittwochsmeditation

(Empfangen von Carla.)

Ich bin Hatonn. Ich grüße euch, meine Freundinnen und Freunde, in der Liebe und dem Licht unseres unendlichen Schöpfers. Es ist ein großes Privileg, an diesem Abend bei euch zu sein. Wir vom Bündnis der Planeten im Dienst des Unendlichen Schöpfers fühlen uns immer privilegiert, wenn wir mit euch sprechen. Wir hatten viele Schwierigkeiten, dieses Instrument zu kontaktieren, da sie nicht in einem entspannten Zustand war. Jedoch ist sie entspannter geworden. Mein Bruder Laitos ist auch hier und wir werden alle von euch, die es wünschen, konditionieren.

Meine Lieben, wir kommen über die Tiefen von Dimensionen hinweg, die ihr nicht kennt, um mit euch zu sprechen, und doch seid ihr am Schlafen. Und obwohl ihr uns hört, hört ihr uns nicht. Meine Freundinnen und Freunde, was ihr hört, ist Wahrheit, und doch nicht Wahrheit. Was ihr mit euren physischen Sinnen in euch aufnehmt, ist nur für die Illusion wahr und, meine Lieben, diese Illusion ist ein sehr kleiner Teil der Schöpfung. Meine Lieben, ihr kommt hierher, ihr kommt zu jedem Treffen und sitzt bei jeder Meditation in einem Versuch von dem Schlummer aufzuwachen, da ihr nur die Illusion von Wahrheit kennt. Meditation, meine Freundinnen und Freunde, ist die große Brücke zur ganzen Schöpfung des Vaters. Sie ist euer Geburtsrecht, meine Kinder, aller Kinder des Vaters. Alle von uns zusammen sind die Schöpfung. Durch Meditation können wir anfangen uns mehr über sie bewusst zu werden. Das ist auch für uns wahr. Und das ist unser Dienst an euch. Wir ermutigen euch dazu, mit Meditation fortzufahren und, meine Lieben, wir ermutigen euch, an jedem Punkt in der Illusion anzuhalten, an dem ihr einen Gedanken denkt und euch fragt, wieviel der Wahrheit dieses Gedankens auf die wirkliche Schöpfung des Vaters zutrifft.

Dieses Instrument wird müde. Ich werde versuchen, ein anderes Instrument zu kontaktieren und werde dieses Instrument zu diesem Zeitpunkt verlassen. Ich bin Hatonn.

[*Pause*]

(*Empfangen von Carla.*)

Ich versuche das Instrument namens D zu verwenden. Falls sie sich meinen Kontakt zunutze machen möchte, werde ich durch sie sprechen.

[*Pause*]

(*Empfangen von D.*)

Ich freue mich, dass ich durch dieses Instrument sprechen kann. Sie war sehr zögerlich. Wie ich sage, müsst ihr vorsichtig sein, denn die Fallen der Illusion sind versteckt. Und wenn ihr nicht darauf achtet, wohin ihr tretet, werdet ihr fallen. Viele von ihnen sind versteckt. Viele von ihnen erscheinen als Blumen. Aber passt auf, meine Lieben, denn unter der Blüte ist immer der Dorn.

Ich fühle, dass die Gedanken des Instruments davon driften. Entschuldigt mich für einen Moment.

[*Undeutlich*] ... ist gut. Ich bin erfreut. Alle von euch, jedoch, beobachtet eure Handlungen. Bezüglich wie sie ausfallen, ob Dinge, an denen ihr partizipiert, die Illusion vergrößern oder sie auslöschen. Von diesen Worten, finde ich es notwendig zu gehen. Dieses Instrument ist extrem erschöpft. Ich bin Hatonn. Adonai.

8. März 1974

Freitagsmeditation

(Empfangen von Unbekannt.)

Ich bin Hatonn. Ich grüße euch in der Liebe und im Licht unseres unendlichen Schöpfers. Wieder einmal ist es ein großes Privileg, in der Lage zu sein, zu jenen zu sprechen, die suchen. Es gibt nicht allzu viele auf diesem Planeten, die suchen. Wir vom Bündnis der Planeten im Dienst des Unendlichen Schöpfers sind hier, um jenen zu helfen, die suchen. In euren heiligen Werken wurde geschrieben, dass wenn ihr sucht, ihr finden werdet. Wir sind hier, um jenen zu helfen, die suchen. Wir sind hier, um ihnen zu helfen zu finden.

Und was, meine Lieben, werden wir euch helfen zu finden? Wir werden euch helfen, Leben zu finden: Leben, wie es intendiert war; Leben, wie ihr es wünscht. Es gibt auf diesem Planeten reichlich, was der Mensch auf Erden für Leben hält. Doch dieses Leben agiert nicht auf eine Weise, wie sie von unserem Schöpfer jemals beabsichtigt wurde.

Auf der Oberfläche eures Planeten gibt es viele Probleme. All das Leben, das so im Überfluss um euch herum ist, reagiert auf die Bedingungen, die nicht in Harmonie mit den Plänen des Schöpfers sind.

Ja, meine Freundinnen und Freunde, diese Bedingungen beeinflussen nicht nur die Menschen, die auf diesem Planeten weilen, sondern alle Lebensformen. Wir vom Bündnis im Dienst Unseres Unendlichen Schöpfers sind hier, um den Vorstoß zu machen, jenen, die sich wünschen würden zu lernen, beizubringen wie man lebt.

Wir haben viele Male die Aussage gemacht, dass es einen großen Vorteil darin gibt, zu leben, wie es der Schöpfer beabsichtigte. Jedoch gibt es keine Möglichkeit für uns, euch zu zeigen, wie solch ein Leben aussieht. Für uns ist es nur möglich, euch zu zeigen, wie man ein solches Leben lebt. Wenn ihr das tut, dann werdet ihr verstehen, was der Schöpfer für alle von uns geplant hat.

Ich bin mir darüber bewusst, dass sich viele von euch darüber Sorgen machen, bei eurer Suche erfolgreich zu sein. Ich bin mir darüber bewusst, dass einige von euch denken, dass euer Fortschritt viel zu langsam ist. Das ist nichts, worüber man sich Sorgen machen muss. Es ist nur notwendig, dass das Individuum zuerst zu suchen wünscht, was unser Schöpfer intendierte, und dann, falls es in seiner Suche fortfährt, werden alle Dinge hinzugefügt werden, die es in seinen Meditationen wünscht.

Das Suchen, meine Freundinnen und Freunde, ist sehr wichtig. Es ist von höchster Wichtigkeit. Es gibt viele Menschen auf diesem Planeten, die etwas suchen. Jedoch suchen sehr Wenige, was von ihrem Schöpfer für sie zu suchen beabsichtigt wurde. Sie suchen Dinge, die sich innerhalb der Illusion befinden, die sie erschaffen haben. Sie suchen diese Dinge, weil sie nichts anderes kennen, das der Suche wert ist.

Es gibt nur eine Sache, die es wert ist, gesucht zu werden. Es gibt viele Wege, wie man sie definieren kann. Es gibt viele Wege dazu, und es gibt viele Namen dafür. Aber, meine Lieben, egal, wie ihr sie nennt; egal, wie ihr es erreicht; egal, was es ist, was ihr erreicht, gibt es nur ein Ziel. Dieses Ziel ist dasselbe für jede*n von uns. Es ist lediglich notwendig, dass man realisiert, dass man dieses gemeinsame Ziel mit seinen Mitmenschen hat. Wenn dies einmal verstanden ist, und sobald man nach diesem Ziel zu suchen anfängt, wird man geleitet, denn das ist die Weise, wie die Schöpfung funktioniert.

Und wohin wird man geleitet werden? Was, meine Freundinnen und Freunde, ist dieses Ziel, das wir alle anstreben? Es ist sehr einfach. Wie ich gesagt habe, kann es mit vielen Namen bezeichnet werden. Und es kann durch viele Wege erreicht werden. Es ist jedoch einfach eine Rückkehr zu der Bewusstheit, dem Denken unseres Schöpfers. Dieses Denken wurde in der Vergangenheit demonstriert. Anleitungen wurden für die Menschen dieses Planeten niedergelegt, um zu folgen. Denn sie waren nicht in der Lage, diese Wege selbst einzusehen. Sie waren nicht bereit zu suchen und dieses gemeinsame Ziel aktiv zu finden. Aber im Niederlegen dieser Anleitungen und durch das Zeigen dieser Wege gab es eine Generation des Missverstehens.

Aus diesem Grund sagen wir, dass es notwendig ist zu meditieren. Denn dann, und nur dann, könnt ihr die wahre Bedeutung dieser Anleitungen und dieser Wege verstehen, die zu unserem gemeinsamen Ziel führen. Es hat viel Kampf und viel Verwirrung auf eurem Planeten gegeben, und es gibt fortgesetzt viel Kampf und viel Verwirrung. Und selbst jene, die versuchen, den Beispielen der Lehrenden zu folgen, die das Licht des Schöpfers demonstriert haben, verstehen nicht, und es herrscht Verwirrung. Der Grund für all diese Verwirrung, all die Missverständnisse, all der Kampf, der auf eurem Planeten geschieht, ist ein Mangel an Meditation.

Wir verstehen, dass wir nur mit einem relativ kleinen Anteil von jenen, die wir kontaktieren werden, erfolgreich sein werden. Dies wird, jedoch, im Moment ausreichen. Denn von diesen Samen wird ein größeres Verständnis von Wahrheit für jene erwachsen, die es wünschen.

Zu dieser Zeit werde ich jedes Mitglied dieser Gruppe konditionieren. Falls ihr meinen Kontakt wünscht, ist nur notwendig, dass ihr ihn nutzt.

(Empfangen von Carla.)

Ich bin Hatonn. Wie ich sagte, meine Lieben, [*undeutlich*] wie ein Same, der gepflanzt wird, in dem Versuch, Dienst oder Information an jene Menschen eures Planeten zu geben, die dies suchen. Für Samen im Boden, meine Lieben, herrscht Dunkelheit. Dunkelheit herrscht auch in der bewussten und wachen Realität jener Menschen eures Planeten, die zu suchen anfangen, während sie empfinden, dass sie wach sind; jedoch sind sie am Schlafen und in Dunkelheit.

Und genauso wie Menschen, die schlafen und träumen, während ihre wirklichen Körper in ihren Betten sind und sicher, mögen sie sich leicht einbilden, dass sie umgebracht werden. Eine solche Sache passiert nicht; sie wachen auf und stellen fest, dass [die] Realität anders war, als sie dachten.

Meine Freundinnen und Freunde, wahres Verständnis der wahren Realität ist so. Und wie beginnen wir, die sich zu dienen wünschen, den Samen zu säen? Wir vom Bündnis der Planeten im Dienst des Unendlichen Schöpfers können nur zu euch kommen, um euch zu drängen zu meditieren, zu suchen, euch dem Schöpfer von uns allen zuzuwenden, für Seine Liebe und Sein Licht. Das ist alles, was ihr tun könnt, meine Lieben.

Und warum könnt ihr nicht mehr tun? Denkt darüber nach, meine Freundinnen und Freunde, dass jeder Mensch einen eigenen, einzigartigen Handabdruck hat. Kein anderer Handabdruck in der ganzen Welt ist gleich. Betrachtet jedes Blatt oder jede Schneeflocke, und realisiert, dass es nie eine duplizierte Entität gegeben hat.

Der Weg von dieser Illusion, die ein winziger Teil von Realität ist, zu Realität kann nicht gemessen werden, und ist so individuell wie euer Handabdruck. Es gibt jedoch eine Eigenschaft, mit der die Umstände für Verstehen stattfinden können. Diese Eigenschaft kann eher in Meditation erhalten werden, denn durch sie wird der Intellekt, der nur auf die Illusion um euch reagiert, gestillt.

Meine Lieben, ich bin sehr erfreut, dass ihr versucht durchzuhalten, in diesem Versuch zu dienen. Wir versichern euch, ich und meine Brüder, dass wir immer bei euch sind, und hier sind, um euch zu dienen, ob es durch ein Instrument wie dieses ist, oder durch Meditation in direktem Kontakt.

Ich werde dieses Instrument nun verlassen, und fortfahren jene von euch zu konditionieren, die es wünschen. Ich bin Hatonn.

(Empfangen von Don.)

Ich bin Oxal. Ich grüße euch, meine Freundinnen und Freunde, in der Liebe und dem Licht unseres unendlichen Schöpfers. Ich werde dieses Instrument für eine kurze Weile konditionieren. Bitte habt Geduld.

[*Pause*]

Ich bin Oxal. Ich bin bei euch, meine Lieben, in der Liebe und dem Licht unseres unendlichen Schöpfers. Es ist ein sehr großes Privileg, in der Lage zu sein, heute Abend zu euch zu sprechen, indem wir dieses Instrument verwenden.

Ich bin Oxal. Meine Lieben, dies ist von keiner Konsequenz, denn ich bin der Schöpfer. Ja, meine Freundinnen und Freunde, ihr hört der Stimme des Schöpfers zu. Ihr hört die Stimme des Schöpfers jeden

Tag, meine Lieben, während ihr euren täglichen Aktivitäten nachgeht. Es ist nur notwendig, sie zu erkennen.

Wenn ihr in euren täglichen Aktivitäten auf euren Mitmenschen trefft, dann hört ihr, wenn er spricht, die Stimme eures Schöpfers. Vögel, die in den Bäumen singen, meine Freundinnen und Freunde, sprechen mit der Stimme des Schöpfers. Die Winde, die durch diese Bäume wehen, sprechen zu euch, meine Lieben. Und diese Geräusche, die ihr hört, sind die Stimme des Schöpfers. Denn seine Ausdrucksweisen sind unendlich. Ihr müsst diese Ausdrucksweisen nur hören und sehen. Und dann, wenn ihr sie hört und seht, dann ist es notwendig, dass ihr sie versteht; versteht, dass sie der Schöpfer sind.

Das ist, was auf eurem Planeten fehlt, meine Lieben: das einfache Verständnis, dass all diese Dinge dieselbe Sache sind. Sie sind der Schöpfer. Dieses Wissen ist selbstverständlich. Es erfordert keine komplexe Analyse. Es erfordert nicht, dass ich euch beweise, dass, was ich sage, wahr ist. Wahrheit, meine Freundinnen und Freunde, spricht zu euch. Sie ist überall um euch. Sie ist der Schöpfer.

Es ist nur notwendig, dass ihr dies anerkennt, völlig, ohne Rückhalt, und dann werdet ihr denken, wie der Schöpfer denkt. Denn der Schöpfer erkennt Sich, und es gibt keinen Teil von Ihm, den er nicht akzeptiert. Denn er ist Er, und Er ist eine Sache: die Schöpfung.

Es ist unmöglich, euch von dieser Schöpfung zu trennen. Ihr könnt euch nicht von dieser Schöpfung isolieren. Ihr seid sie, und sie ist euch. Und alle ihre Teile sprechen zu euch, und sagen euch: "Seid von dieser Schöpfung." Es ist nur notwendig, dass der Mensch auf Erden dieser Stimme zuhört, und dann ihre Worte versteht. Versteht und demonstriert dieses Verständnis dann, und dann wird der Mensch auf Erden seinen rechtmäßigen Platz mit jenen von uns einnehmen, die diese unendliche Schöpfung durchstreifen.

Denn das ist unser Privileg. Und das ist euer Privileg. Denn wir sind alle dieselbe Sache. Wir sind Liebe, und wir sind Licht. Adonai, meine Lieben. Adonai vasu.

(Empfangen von S.)

Hatonn: [*Undeutlich.*] Es war schwer für ihn, seinen Geist freizumachen. Wenn sich einfach entspannen würde. Einfach sitzen und entspannen, und es fließen lassen. Ich werde dieses Instrument nun verlassen.

(Empfangen von Don.)

Ich bin nun bei diesem Instrument. Ich bin Hatonn. Ich bin bei diesem Instrument. Ich versuche alle von euch in dem Raum, die meine Konditionierung wünschen, zu konditionieren. Ich versuche, jenen zu helfen, die es sich wünschen, den Menschen des Planeten unsere Gedanken zu geben. Ihr werdet meinen Kontakt spüren. Es ist nur notwendig sich zu entspannen. Erlaubt eurem Denken zu stoppen. Denkt an nichts. Es ist schwierig, schnell zu wechseln, in der Verwirrung, auf die ihr euren täglichen Aktivitäten trefft, und der intensiven Anwendung des Verstandes, die ihr erlebt. Das ist eines der größten Probleme auf eurem Planeten.

Es ist für den Menschen nicht notwendig, seinen Verstand auf eine solche Weise zu verwenden. Alles, was der Mensch sich wünscht, wird zur Verfügung gestellt, es ist nur notwendig, dass er seine wahre Beziehung zur Schöpfung versteht. Es ist nur notwendig, dass er versteht, dass er die Schöpfung ist.

Und dies wird nicht durch intellektuelle Komplexitäten erreicht. Es wird durch einen einfachen Vorgang erreicht, ein sehr einfacher Vorgang des Sich-Bewusst-Werdens. Wir nennen diesen Vorgang Meditation, aber es ist nicht notwendig, dass es so formalisiert wird. Notwendig ist nur, dass der Mensch realisiert, dass dies jederzeit gemacht werden kann. Entspannt euch und ermöglicht dieser Bewusstheit bei euch zu sein. Ich und meine Brüder werden euch helfen. Für diesen Zweck sind wir hier. Ich bin Hatonn. Adonai.

[*Pause*]

Ich bin Laitos. Ich grüße euch, meine Lieben, in der Liebe und dem Licht unseres unendlichen Schöpfers. Es ist ein großes Privileg für mich, heute Abend mit eurer Gruppe zu sprechen. Ich habe Kommunikationen, die euch von meinen Brüdern gegeben wurden, beobachtet und ihnen zugehört. Ich bin Laitos, und auch ich sende euch meine Liebe und mein Licht, und überbringe euch unser wärmstes Willkommen. Kommt zu uns, meine Lieben. Tretet uns bei in Licht. Es ist überall um euch. In dieser Schöpfung gibt es viel Licht.

Wir sind hier, um euch in dieses Licht hinein zu leiten. Wir wissen, dass ihr dies wünscht, denn dies habt ihr ausgedrückt.

Ich werde dieses Instrument zu dieser Zeit verlassen. Ich bin Laitos. Adonai vasu.

9. März 1974

Samstagsmeditation

(Empfangen von Don.)

Ich bin Hatonn. Ich grüße euch, meine Lieben, in der Liebe und dem Licht unseres unendlichen Schöpfers. Es ist ein großartiges Privileg, bei euch zu sein. Es ist immer ein großartiges Privileg, bei jenen dieses Planeten zu sein, die suchen.

Heute Abend, meine Freundinnen und Freunde, werde ich über das Thema des Suchens sprechen. Dies ist ein sehr wichtiges Thema. Es ist vielleicht das Wichtigste aller Themen, über die gesprochen werden könnte.

Suchen, meine Lieben, ist, wie wir sagten, extrem wichtig. Ich würde gerne erklären, warum zu suchen wichtig ist. Suchen ist ein Weg des Wachsens. In Wahrheit ist es für die Menschen dieses Planeten zu dieser Zeit der einzige Weg, um wahrlich schnell zu wachsen; zu wachsen, meine Freundinnen und Freunde, in einem spirituellen Sinn.

Die Menschen dieses Planeten sind zu dieser Zeit fast alle Kinder, in einem spirituellen Sinn. Die meisten von ihnen suchen zu dieser Zeit kein spirituelles Wachstum. Das ist sehr wichtig, wenn ein Individuum schnell wachsen soll, spirituell gesehen. Alle von uns, über den ganzen Weltraum hinweg, wachsen in einem spirituellen Sinn. Jedoch wachsen einige von uns viel schneller als andere. Der Grund für dieses Wachstum ist einfach, dass sie diejenigen sind, die suchen.

In euren heiligen Werken steht es geschrieben, dass es notwendig ist, zu suchen, wenn ihr finden sollt. Dies bezieht sich darauf, spirituelle Erleuchtung zu finden. Es bezieht sich darauf, die Bewusstheit zu entwickeln, die für den Menschen auf der Erde notwendig ist, um sich zu entwickeln, falls er seinen rechtmäßigen Platz in der Schöpfung einnehmen soll.

Wir vom Bündnis der Planeten im Dienst des Unendlichen Schöpfers sind uns darüber bewusst, dass zu suchen notwendig ist, wenn man dorthin kommen möchte, wo man sein möchte, und man wünscht sich, in einem höheren Bewusstseinszustand zu sein. Schaut um euch herum, auf eurem Planeten. Dort gibt es viele bewusste Wesen, in vielen Lebensformen. Dort gibt es die Tiere, und Vögel, und die Fische, und den Menschen auf der Erde. Und alle haben einen Zustand von höherer Bewusstheit. Aber es scheint, dass der Mensch den höheren Zustand von Bewusstheit hat. Und doch sagen wir euch, dass diese Bewusstheit sehr minimal ist. Und das Bewusstsein des Menschen auf der Erde kann zu einer Bewusstheit erhöht werden, die er als Gott-artig betrachten würde.

Aber das, meine Lieben, ist, was für den Menschen zu haben bestimmt war. dies war das ursprüngliche Konzept des Schöpfers: dass diese Bewusstheit von all seinen Kindern besessen werden würde. Das ist es, was zu suchen notwendig ist, falls ihr diese Bewusstheit finden sollt.

Der Grund dafür, dass es notwendig ist, diese Bewusstheit zu suchen, ist, dass sie euch nicht gegeben werden kann. Es ist etwas, dass jedes Individuum für sich selbst finden muss. Es ist keine schwierig zu findende Sache. Es ist eine sehr einfach zu findende Sache. Es ist nur notwendig, dass das Individuum hinsichtlich der Suche auf eine richtige Weise vorgeht. Wir sind hier, um zu versuchen, jenen, die unsere Hilfe im Suchen unserer Bewusstheit wünschen, zu helfen, sie zu finden. Wir werden nicht versuchen jene, denen wir zu helfen wünschen, mit komplexen Vorträgen über verschiedene Probleme und Konzepte zu verwirren. Wir werden ihnen einfach die einfachsten Ideen des Schöpfers geben. Denn, meine Freundinnen und Freunde, Seine Ideen sind nicht komplex. Es ist der Mensch, vor allem der Mensch auf der Erde, der eine komplexe Sammlung von Regeln und Bedingungen für Spiritualität gemacht hat.

Das Konzept des Schöpfers, meine Lieben, ist extrem einfach. Euch dieses zu bringen, dafür sind wir hier. Es ist dann nur notwendig, dass ihr ein Verständnis dieser Einfachheit sucht. Dann, nachdem ihr es verstanden habe, demonstriert es in eurem täglichen Leben und in euren Aktivitäten und Verbindungen mit euren Mitmenschen. Dann, meine Freundinnen und Freunde, wird die Bewusstheit, die für euch bestimmt war, eure sein. Es ist ein extrem einfacher Vorgang. Notwendig ist nur, dass, zuerst, der Mensch auf Erden sucht.

Sucht, meine Lieben! Das ist, was notwendig ist. Das ist der erste Schritt. Sucht Bewusstheit. Sucht die Spiritualität, die bestimmt war, eure zu sein und ihr werdet sie sicher finden. Denn das ist der Plan des Schöpfers, dass alle seine Kinder dies haben sollten.

Ich werde diesen Kontakt zu dieser Zeit übertragen, und fortfahren über dieses Thema zu euch zu sprechen. Es war mir ein großes Privileg mit euch zu sprechen, indem ich dieses Instrument verwendete.

(Empfangen von Carla.)

Ich bin nun bei diesem Instrument. Ich bin Hatonn. Wie ich sagte, meine Lieben, ist zu suchen extrem wichtig. Und doch, durch die Kräfte eures Intellekts, mit den besten Absichten, ist es möglich, es kompliziert aussehen zu lassen.

Es gibt die Komplikationen in eurer Sicht des Konzepts von Zeit; und es gibt die Komplikationen in eurer Sicht des Konzepts von Raum. Und ihr sagt: "Wo und wann kann ich suchen? An welchem Ort finde ich heiligen Boden? Und zu welcher Zeit kann ich den Schöpfer suchen?"

Meine Lieben, ihr seid der Schöpfer. Denn der Schöpfer ist euch. Und, meine Lieben, wie es in euren heiligen Werken geschrieben ist, ist der Ort, an dem ihr steht, heiliger Boden.

Es gibt keine Komplikation in Zeit, denn alle Zeit ist hier und jetzt.

Es gibt keine Komplikationen in Raum, denn aller Raum ist hier und jetzt.

Meine Freundinnen und Freunde, es gibt nichts, außer zu suchen; es gibt nichts, außer den Schöpfer. Es ist nur notwendig, dass ihr euch nach innen wendet, in das Licht hinein, und in das Licht eintretet.

Diese Worte sind schwach, aber sie zeigen den Weg zu einem neuen Verständnis. Es ist nicht notwendig, die perfekteste Meditation oder die geübtesten spirituellen Momente zu haben, um suchend zu sein. Es ist nur notwendig, dass ihr euren Willen dreht. Denn, meine Lieben, euer Wille zu suchen ist so wichtig wie die Quelle.

Es ist gut, dass ihr meditiert. Es ist gut, dass ihr jene Dinge in eurer Illusion wertschätzt, die ihr wertzuschätzen wünscht. All diese Dinge sind hier für eure Erfahrung. Es ist, jedoch, nicht notwendig zu empfinden, dass sie [*undeutlich*] sind. Sucht nur.

Es mir ein Privileg, mit euch zu sprechen. Ich verlasse euch, hier und jetzt, überall gleichzeitig in der Schöpfung, und zu allen Zeiten. Wir sind eins in Liebe und in Licht. Wir sind der Schöpfer. Adonai. Adonai vasu.

(Empfangen von Don.)

Ich bin Oxal. Ich grüße euch, meine Freunde und Freundinnen, in der Liebe und in dem Licht unseres unendlichen Schöpfers. Es ist ein großartiges Privileg, meinem Bruder Hatonn heute Abend beizutreten, indem wir durch dieses Instrument zu euch sprechen.

Ich bin derjenige, der als Oxal bekannt ist. Es ist mir ein Privileg jenen zu helfen, so gut ich kann, die suchen, und es ist wahr, dass dies alles ist, was nötig ist. Es ist nur notwendig, dass ihr sucht. Und dann werdet ihr finden. Ihr werdet alles finden, was es gibt. Meine Lieben, ihr werdet die Schöpfung finden. Und, meine Freundinnen und Freunde, im Finden dieser, werdet ihr den Schöpfer finden. Denn sie sind ein und dieselbe Sache.

Wenn ihr auf euren Mitmenschen trefft, in euren täglichen Aktivitäten, werdet ihn als das erkennen, was er wirklich ist, ein Teil der Schöpfung, genau wie ihr Teil der Schöpfung seid. Und die Schöpfung, meine Lieben, ist der Schöpfer.

Und dann, wenn ihr Ihn anschaut und Er euch anschaut, dann blickt der Schöpfer auf sich selbst, durch jedes Augenpaar. Es ist nur notwendig, dass ihr dieses Konzept erkennt und es versteht, und dann wir euer Denken und das des Schöpfers das gleiche sein. Und ihr werdet die Bedeutung von Liebe erkennen.

Ich hoffe, dass ich von Unterstützung war, indem ich euch mein Konzept von Wahrheit gegeben habe. Wir vom Bündnis der Planeten im Dienst des Unendlichen Schöpfers drücken unser Konzept von Wahrheit aus, ein Konzept, das ein Resultat unserer Suche ist. Wenn wir auf euch blicken, sehen wir unseren Schöpfer. Das ist unser Verständnis. Wenn wir auf diese unendliche Schöpfung blicken, in all ihren Wundern und all ihrer riesigen Größe, in all ihrer Prächtigkeit, sehen wir den Schöpfer. Das ist unser Verständnis. Und wenn wir auf die kleinste Lebensform blicken, oder selbst ein Insekt, blicken wir auf unseren Schöpfer. Das ist unser Verständnis. Denn unser Verständnis ist, dass der Schöpfer Sich selbst durch all die unendlichen Manifestationen ausdrückt, die wir erleben. Und Sein Gedanke in all diesen Manifestationen ist ein Gedanke aus Liebe.

Denn dies war der Gedanke, der alles erschuf, was es gibt. Sucht diesen Gedanken, meine Lieben. Sucht nach diesem Verständnis, meine Freundinnen und Freunde. Und dann werdet ihr wissen. Ihr werdet Liebe erkennen. Denn das ist der Schöpfer.

Ich bin Oxal. Ich werde dieses Instrument zu dieser Zeit verlassen. Meine Segnungen an alle von euch. Wir sind alle das Gleiche. Wir sind alle eins. Adonai vasu.

10. März 1974

Sonntagsmeditation

(Empfangen von Carla.)

Grüße, meine Brüder und Schwestern, in der Liebe und dem Licht unseres unendlichen Schöpfers. Es ist in der Tat mein Privileg heute Abend mit euch zu sprechen. Wir entschuldigen uns dafür, dass wir einige Schwierigkeiten haben.

Ich und meine Brüder sind nur hier, um euch zu dienen, meine Freundinnen und Freunde. Und es ist eine sehr große Freude, hier zu sein. Wir bieten an jene von euch, die dies wünschen, Konditionierung an. Wir dienen euch, und wir suchen. Dienen ist suchen. Die zwei Worte scheinen unterschiedlich [zu sein]: suchen und dienen. Das eine legt nahe, dass ihr etwas benötigt, und das andere legt nahe, dass ihr etwas habt, denn jene, die suchen, müssen benötigen und jene, die dienen, müssen [etwas] haben, um wegzugeben.

Und daher möchte ich, meine Lieben, über diese zwei Worte sprechen. Ihr sucht und ihr sucht danach, zu dienen. Ist es nicht ein Paradox, meine Freundinnen und Freunde? Es ist ein Paradox, wie alle intellektuellen Dinge. Und doch ist es die einfache Wahrheit, dass sie eine Sache sind.

In dieser Illusion der Erde, meine Lieben, sind jene eures Planeten [*undeutlich*] wie Bittsteller; arm, bedürftig und immer an jenen Dingen mangelnd, die sie benötigen, um sich weiterzuentwickeln. Und so gehen sie auf eine Pilgerreise; einige, um materielle Sicherheit zu gewinnen, und einige, um das Spirituelle im Leben zu suchen.

Aber es gibt ein Konzept von Suchen, welches eine Art von Schatz ansammelt, der gehalten werden kann, und gezeigt werden kann und gezählt werden kann. Vielleicht könnten wir dies, meine Lieben, aus einer schwachen Position heraus zu handeln nennen. In dieser Illusion, meine Lieben, würde es möglich erscheinen, schwach zu sein, begrenzt zu sein und bedürftig zu sein. Doch wird diese Illusion von Realität vertrieben. Und diese Realität ist, was wir suchen. Und wenn wir Realität suchen, wenden wir uns entweder sehr weit nach innen oder sehr weit nach außen - ein weiteres Paradox, meine

Freundinnen und Freunde - ins Licht hinein. Und wir finden, dass wir nicht aus einer Position der Armut heraus handeln, sondern dass wir alles haben, was wir gesucht haben.

Sondern tatsächlich handeln wir aus einer Position der kompletten Stärke heraus, denn wir sind unendlich. Ihr, meine Freundinnen und Freunde, seit unendlich. Ihr benötigt keine Hilfe. Ihr benötigt nur Verwirklichung. Alles, das ich euch erzählen kann, alles, was ihr lernen könnt, alles, was in dieser unendlichen Schöpfung möglich ist, weilt ewig in euch. Denn ihr seid eins mit allem, was ist.

In der Illusion, meine Lieben, bin ich mir bewusst, dass ich euch keinen Dienst erbringen würde, wenn ich nicht realisieren würde, dass es vieles gibt, mit dem ihr fertig werden müsst. Denn die Illusion ist sehr stark. Aber so vieles der Illusion legt euch nahe, dass es der Illusion selbst an Spiritualität mangelt, weil verschiedene Dinge verschiedene und diverse Wege sind, und sie nicht zu euch passen. Und es könnte vielleicht so erscheinen, dass Spiritualität in besser managebaren und uniformeren Dingen in eurer Umgebung besteht.

Die Illusion ist so flüchtig wie eine Blase. Popp, und sie wird weg sein. Sie ist so vergänglich wie ein Traum. Bald werdet ihr aufwachen. Es wird sich verändern, wie von Tag zu Nacht, und von Nacht zu Tag. Ihr müsst nicht mehr tun, als die Unendlichkeit der Schöpfung wertzuschätzen, selbst in dem kleinen Teil, der die Illusion ist. Und dann, meine Lieben, entspannt euch und lasst die Illusion an euch vorbeifließen. Ruht im Vertrauen eures Suchens und eurer Suche danach zu dienen. Denn ihr habt viel zu geben, meine Freundinnen und Freunde.

(Empfangen von Don.)

Ich bin nun mit diesem Instrument. Ich bin Hatonn. Ich bin mit allen von euch. Ich bin mit euch in der Liebe und dem Licht unseres unendlichen Schöpfers. Es ist ein Privileg, bei euch zu sein.

Ihr habt unsere Anwesenheit gewünscht, und wir sind bei euch. Wir sind vom Bündnis der Planeten im Dienst des Unendlichen Schöpfers. Wir sind immer mit jenen der Menschen dieses Planeten, die sich unsere Anwesenheit wünschen. Das ist unser Dienst an die Menschen dieses Planeten zu dieser Zeit. Das ist unsere Technik des Suchens.

Es mag seltsam scheinen, dass wir durch Dienst suchen wollten, aber das ist unser Verständnis von Suchen.

In euren heiligen Werken wird gesagt, dass es notwendig ist, zu suchen, um zu finden. Wir haben viele Wege des Suchens gefunden. Einer davon ist, euren Mitmenschen zu dienen. Und das ist unsere Form des Dienens zu dieser Zeit. Wir suchen Verständnis: Verständnis des Schöpfers. Denn das ist unser Wunsch. Wir suchen dieses Verständnis durch Dienst, indem wir euren Mitmenschen auf Erden dienen, und ihm in seinem Wunsch, den Schöpfer zu verstehen, helfen.

Und indem wir ihm helfen und seinen Wunsch erfüllen, helfen wir uns selbst darin, unseren Wunsch zu erfüllen. Denn indem wir das tun, lernt nicht nur der Mensch auf Erden vielleicht mehr über diese Schöpfung und den Schöpfer, sondern auch wir. Denn es ist ein Gesetz dieser Schöpfung, dass einem nur durch Dienst gedient werden kann. Indem wir Anderen dienen, dienen wir uns selbst, wie es sogar der Mensch auf Erden tut. Denn das war die ursprüngliche Idee, die die ganze unendliche Schöpfung erzeugte: die Idee von gegenseitigem Dienst, die Idee von gegenseitigem Verständnis und die Idee von gegenseitiger Liebe.

Das bringen wir dem Menschen auf Erden: ein Verständnis dessen, was in ihm ist; ein Verständnis dessen, was ihn schuf; ein Verständnis unseres Dienstes und den Bedarf nach seinem. Es ist unglücklich, dass es so viele gibt, die die wahren Prinzipien dieser Schöpfung nicht verstehen. Wir versuchen ihnen zu helfen, diese Wahrheit zu verstehen. Sie ist in ihnen. Und das ist unser Dienst: ihnen zu helfen, zu finden, was sie zu finden wünschen: die Realisierung des Gedankens, der nicht nur sie, sondern auch alles, was es gibt, erzeugte. Und des Gedankens, der dafür sorgte, dass alles, was es gibt, auf eine solche Weise arbeitet, dass allem, was es gibt, gedient wird.

Wahrheit ist überall um euch, sehr offensichtlich für jene, die sich für die sehr kurze Zeit beruhigt haben, die erforderlich ist, um sich ihr bewusst zu werden. Für uns, die die Schöpfung des Vaters in ihrer ursprünglichen Form sehen, ist sie sehr offensichtlich. All ihre Teile agieren, um all ihre anderen Teile zu unterstützen. Alles, was alle von uns erhält, ist ein Geschenk unseres Schöpfers. Alle Freuden und Erfahrungen, die zu uns kommen, sind Geschenke unseres Schöpfers.

Nur jene auf diesem Planeten haben sich in eine komplexe eigene Schöpfung verloren, mit vielen Gedanken einer komplexen, aber trivialen Art, die sie sehr beschäftigt halten, in einer Bemühung, zu erreichen, was von keinem Wert ist. Es ist eine kleinere Schöpfung, die nur die kürzeste Zeitperiode dauern wird, und die keinen Wert hat, wenn sie einmal erreicht ist, denn sie werden sie verlieren, und wieder zur Schöpfung zurückkehren.

Alle Kinder des Schöpfers durch das ganze Universum hinweg, alle dieser unendlichen Schöpfung, meine Freundinnen und Freunde, suchen wahrlich nur eine Sache, ob sie es realisieren oder nicht. Sie suchen Verständnis. Denn das ist alles, das nötig ist. Denn wenn dieses Verständnis einmal erreicht ist, dann sind alle Dinge möglich, denn dies ist der Weg, wie es der Schöpfer geplant hat. Das ist der Weg, den er zur Verfügung gestellt hat. Es ist nur notwendig, dass ihr dies realisiert. Es ist nur notwendig, dass ihr, in jedem Gedanken, diese Realisierung demonstriert. Und dann, meine Lieben, seid ihr und der Schöpfer eins; und ihr und der Schöpfer habt gleiche Kraft. Denn das ist Wahrheit. Jede und jeder von uns ist der Schöpfer.

Es ist sehr schwer für den Menschen auf diesem Planeten, um sich zu schauen und die Wahrheit als das, was sie tatsächlich ist, zu realisieren. Er wurde, durch sein Denken und durch die Gedanken anderer, für eine sehr lange Zeitperiode konditioniert, um Dinge so zu sehen, wie sie ihm gegeben werden, anstatt so wie sie wirklich sind. Die Art und Weise, wie sie wirklich sind, meine Lieben, ist sehr einfach.

Diese Einfachheit ist in allen Kindern des Schöpfers. Jedes von ihnen besitzt all das Wissen, welches die ursprüngliche Schöpfung war. Es ist nur notwendig, dass sie dieses Wissen nutzen, und das ist sehr einfach. Es wird durch den Vorgang von Meditation gemacht.

Wenn dies getan wird, wird all die Wahrheit und Schönheit der ursprünglichen Schöpfung offensichtlich. Und dann wird es nicht möglich sein, dass das Individuum von der Illusion getäuscht wird. Es wird seinen Mitmenschen in keiner anderen Form als Vollkommenheit sehen, auch wenn ihm innerhalb der Illusion Geringschätzung beigebracht wurde. Das war vom Schöpfer nicht geplant. Der Schöpfer plante nur, dass sich jede seiner Schöpfungen auf jede Weise, die sie wählt, ausdrücken sollte. Das, meine Freundinnen und Freunde, ist Perfektion. Wenn der Mensch auf Erden dies nur realisieren könnte, würde er erneut in völliger Harmonie mit der ursprünglichen Schöpfung denken. Dies mag auf individueller Basis getan werden. Es ist nicht notwendig, dass dies in einem intellektuellen Sinn verstanden wird, oder von irgendjemand anderem als dem Individuum, das sich bemüht, dieses Verständnis zu erreichen.

Dies wurde auf eurem Planeten bereits demonstriert. Der Mensch, der euch am vertrautesten ist, der sein Verständnis demonstrierte, ist euch als Jesus bekannt. er machte die einfache Verwirklichung, und dann demonstrierte er durch seine Aktivitäten dieses Verständnis. Es war nicht notwendig, dass er von seinem Mitmenschen verstanden wird, denn es ist unmöglich, dieses Verständnis einem anderen Individuum, äußerlich, aufzuzwingen. Es ist nur möglich, dass dieses Verständnis von innen heraus erreicht wird.

Und doch demonstrierte dieser Mann dieses Verständnis, zeigte einen Weg auf, ein Wegweiser für Andere, damit auch sie die ursprüngliche Schöpfung finden könnten, und sich wieder aus der Dunkelheit zum Licht führen. Denn Licht, meine Freundinnen und Freunde, ist ewig und unendlich und real. Der Rest ist Illusion. Geht nach innen. Werdet euch der Realität bewusst. Sie ist in allen von euch.

Wir sind hier, um euch zu helfen, diese Realität zu finden. Wir sind hier, um unser Verständnis und unsere Liebe zu bringen. Das ist unser Dienst. Es war mir ein großes Privileg mit euch zu sprechen, indem ich dieses Instrument verwendete.

Es wird ein sehr großes Privileg sein, alle von euch, die meine Gedanken in der sehr nahen Zukunft zu channeln wünschen, zu verwenden. Notwendig ist nur, dass ihr euch in Meditation zur Verfügung stellt, und dann werden alle von euch, wie es dieses Instrument tut, ohne Schwierigkeit jeden einzelnen Gedanken empfangen, den wir vom Bündnis der Planeten im Dienst des Unendlichen Schöpfers euch bringen. Und dann, meine Lieben, werdet auch ihr uns in Seinem Dienst beitreten.

Ich werde dieses Instrument zu dieser Zeit verlassen. Es war ein sehr großes Privileg, euch zu treffen. Ich bin Hatonn. Adonai vasu borragus.

11. März 1974

Montagsmeditation

(Empfangen von Don.)

Ich bin Hatonn. Ich grüße euch, meine Lieben, in der Liebe und im Licht unseres unendlichen Schöpfers. Es ist ein großes Privileg, einmal mehr bei euch zu sein. Es ist immer ein großes Privileg, bei jenen zu sein, die suchen.

Der Mensch auf Erden hat sehr wenig Verständnis seines Lebens. Das Leben eines Individuums ist nicht, was er denkt, dass es ist. Sehr wenige von jenen, die auf eurem Planeten weilen, haben irgendein Verständnis von Leben. Der Mensch auf Planet Erde ist mit einem Leben beschäftigt, das begrenzt ist durch seine wachen Stunden, während eines präsenten physischen Lebens. Seine Pläne, seine Wünsche und seine Aktivitäten werden von seiner Bewusstheit über diese extrem begrenzte Teilerfahrung gelenkt, welche er für sein physisches Leben hält.

Aus diesem Grund sind die Pläne und Ziele jener, die auf Erden weilen, extrem begrenzt, und haben zum größten Teil überhaupt keinen Wert. Um auf intelligente Weise Pläne zu machen, ist es notwendig, dass man Informationen über zukünftige Ziele hat. Der Mensch auf Erden, zum größten Teil, hat keine dieser Informationen, denn er hat sie nicht gesucht. Er existiert einfach in einem sehr begrenzten Bewusstheits-Zustand, und reagiert auf das, was er über diese begrenzte Bewusstheit feststellen kann. Diese Reaktionen führen zu seinen Aktivitäten, welche von unserem Standpunkt aus lächerlich sind.

Wir vom Bündnis der Planeten im Dienst des Unendlichen Schöpfers sind uns über eine viel längere Lebensspanne bewusst, als es der Mensch auf Erden ist. Die Lebensspanne, über die wir uns bewusst sind, ist von unendlicher Länge. Aus diesem Grund sind unsere Pläne, unsere Ziele und unsere Aktivitäten sehr verschieden von jenen, die auf diesem Planeten weilen.

Der Mensch auf Erden versucht nicht zu verstehen, wie man lebt. Er versucht nicht zu verstehen, wie man lebt, weil er nicht versucht,

Leben zu verstehen. Leben ist extrem einfach und ein Verständnis von Leben erfordert einen extrem einfachen Ansatz. Gegenwärtig versucht der Mensch in eurer Gesellschaft auf der Erde, sich dem, was er für Leben hält, auf eine extrem komplexe Weise anzunähern. Indem er dies tut, macht er zahlreiche Pläne und zahlreiche Ableitungen, die auf Beobachtungen basieren, die so begrenzt sind, dass sie fast völlig falsch sind.

Einige der Menschen eures Planeten haben etwas Bewusstheit über die Prinzipien, die ein Individuum in seinem wahren, unendlichen Zustand beeinflussen, und sie sind sich der Notwendigkeit bewusst, Pläne für Ziele zu machen, die völlig außerhalb des sehr begrenzten Zustands sind, den ihr das physische Leben nennt.

Wir sind hier, um zu versuchen, jenen zu helfen, die eine größere Bewusstheit suchen, sie zu finden. Wir versuchen, eine einfache Lehre zu bringen, die euch ermöglichen wird, fähig zu werden, eure eigenen Entscheidungen als ein Resultat einer viel größeren Bewusstheit von Wahrheit zu treffen, als sie gegenwärtig auf eurem Planeten verfügbar ist.

Zu diesem Zeitpunkt werde ich bis zu den Grenzen meiner Fähigkeiten sprechen, unser Verständnis von Leben in eure Sprache über die Realitäten von Leben zu übersetzen.

Leben besteht aus zwei Materialien. Eine ist das, was ihr Bewusstsein nennen könntet. Die andere ist Licht. Aber, meine Lieben, Bewusstsein ist Liebe und Licht ist ihre physikalische Manifestation. Alles, das ihr in der Weise eines physischen Universums zu erfahren in der Lage seid, ist aus einer Zutat zusammengesetzt. Diese Zutat werden wir Licht nennen, da dieses Wort dem am nächsten kommt, was wir ausdrücken möchten, und es ist das einzige Wort, das wir in eurer Sprache zur Verfügung haben, um den grundlegenden Baustein unseres Schöpfers auszudrücken.

Ursprünglich drückte der Schöpfer einen Wunsch aus. Dieser Wunsch wurde in einem Bewusstseinszustand ausgedrückt, der in eurer Sprache am besten beschrieben wird, indem man das Wort Liebe verwendet. Der Schöpfer verursachte, dann, indem er [Seinen] Wunsch durch Liebe ausdrückte, die Schöpfung aller Materie. Er erzeugte die Erschaffung von Licht. Dieses Licht wurde dann in seine unendlichen Konfigurationen im unendlichen Universum geformt, um all die Formen hervorzubringen, die erfahren werden. All diese Formen werden, daher, durch den Ausdruck von Bewusstsein, das Liebe ist, gestaltet oder erzeugt. Sie bestehen aus einem Gewebe, das Licht ist. Aus diesem Grund grüßen wir euch jeden Abend mit der Aussage "in Seiner Liebe und Seinem Licht". Denn das umfasst, dann, alles, das es gibt: das Bewusstsein, das erschafft, und das Gewebe, das Liebe und Licht ist.

Die Liebe, die die Licht-Konfiguration erzeugt, tritt auf, in was wir verschiedene Schwingungen nennen – oder, wenn wir ein Wort in eurer Sprache verwenden, das nicht ausreichend ist, aber in gewisser Weise beschreibend, "Frequenz" – Liebe geschieht, dann, in verschiedenen Schwingungen oder Frequenzen. Diese Schwingungen oder Frequenzen sind das Ergebnis von freiem Willen. Als der Schöpfer dieses ursprüngliche Konzept erzeugte, beinhaltete das Konzept das Geschenk der Wahlfreiheit für all die Teile, die er erschuf. Diese Teile sind dann völlig frei, den ursprünglichen Gedanken zu verändern. Indem sie das tun, verändern sie, was ihr als das versteht, was die Schwingung eines Anteils des ursprünglichen Gedankens ist.

Alle von euch hier heute Abend haben eine Schwingung. Diese Schwingung ist eure, und ihr habt Kontrolle über sie. Eure Wahlfreiheit schuf die Liebe, die das Licht manifestiert, das das Gewebe ist, welches zu eurer physischen Form geformt wurde.

Das ist die einfachste Analyse aller erschaffenen Formen aller Schöpfung. Jedes Teil davon ist in der Lage, sein eigenes Bewusstsein zu verwenden, durch das Prinzip von Wahlfreiheit, um die ursprüngliche Schwingung zu variieren oder zu verändern. Die Schöpfung fährt, daher, fort, selbst-generierend zu sein, in einer unendlichen Vielfalt. Dafür wurde im ursprünglichen Gedanken des Schöpfers vorgesorgt. Es wurde dafür gesorgt, dass er auf eine unendliche Weise erschaffen kann, in einer unendlichen Zahl von Formen.

Durch diese Verwendung von Freiheit der Wahl, hat der Mensch auf diesem Planeten Erde viele Formen erzeugt. Einige dieser Formen hat sich der Schöpfer mit dem ursprünglichen Gedanken nie vorgestellt. Jedoch wurden sie, aufgrund des Prinzips von Freiheit der Wahl, gestattet.

Das ist vielleicht das wichtigste Prinzip in dieser Schöpfung: dass jedes der Teilchen des Schöpfers in der Lage ist, über Unendlichkeit hinweg, für sich auszuwählen, was sie wünschen. Im Experimentieren mit diesem Wunsch, gab es in einigen Fällen ein kleines Problem durch Wegstreunen von Gedanken und Wünschen, die höchst nützlich sind. Im Experimentieren mit diesen Wünschen haben einige der erschaffenen Teile Kontakt mit dem ursprünglichen Wunsch verloren. Dies ist an vielen Orten in dieser Schöpfung passiert.

Wir sind im Moment hier, um, an jene, die ihren Weg zurück zum ursprünglichen Gedanken finden möchten, Informationen zu kommunizieren, die jene, die den Weg zurück wünschen, entlang des Wegs zum ursprünglichen Gedanken leiten. Es ist notwendig, dass wir auf solche Weise handeln, dass wir nur jene leiten, die diesen Weg daran entlang wünschen, und wir daher nicht das wichtige Prinzip von völliger Wahlfreiheit verletzen.

Wie ich bereits gesagt habe, haben alle von euch und alle Teile dieser Schöpfung bestimmte Schwingungen oder Frequenzen. Die Schwingung oder Frequenz ist der einzig wichtige Teil eures Wesens, da sie ein Index eures Bewusstseins im Hinblick auf den ursprünglichen Gedanken ist.

Wenn ein Individuum sich über [das] Leben in seinem unendlichen Sinn bewusst ist, ist es sich auch über die Vorzüge bewusst, diese Schwingung mit der Schwingung des ursprünglichen Gedankens in Übereinstimmung zu bringen. Unsere Bemühung ist [es], unsere Schwingung mit der des ursprünglichen Gedankens in Übereinstimmung zu bringen. Aus diesem Grund sind wir vom Bündnis der Planeten im Dienst des Unendlichen Schöpfers nun hier. Denn dieser Dienst, den wir ausführen, ist ein Dienst, der in Harmonie mit dem ursprünglichen Gedanken sein würde. Dies, wiederum, bringt in uns eine Schwingung hervor, die stärke in Harmonie mit dem ursprünglichen Gedanken ist.

Wir versuchen, an jene des Planeten Erde Anweisungen zu geben, die diese Anweisungen darüber suchen würden, wie man in sich selbst diese Schwingung erzeugt, die stärker in Harmonie mit dem ursprünglichen Gedanken ist. Dies wurde, wie ich zuvor gesagt habe, bereits viele Male auf eurem Planeten von Lehrenden demonstriert. Der Letzte, mit dem ihr vertraut seid, war derjenige, der euch als Jesus bekannt ist. Er versuchte, sein Denken durch seine Handlungen zu demonstrieren. Sein Denken war, viel mehr als das von denjenigen um ihn, in Harmonie mit dem ursprünglichen Gedanken. Seine Schwingung war, deshalb, viel mehr in Harmonie mit der ursprünglichen Schwingung.

Aus diesem Grund war er in der Lage, zu bewirken, was Wunder genannt wurden. Doch war es der ursprüngliche Gedanke, dass alle Teile des Bewusstseins, die aus dem ursprünglichen Gedanken waren, in der Lage sein sollten, durch Gedanke und Bewusstsein zu erschaffen, was gewünscht würde. Der Mann namens Jesus wünschte, und erschuf daher, da die Schwingung, welche er erzeugte, in Harmonie mit der Schwingung war, welche der Schöpfer verwendete, um die Schöpfung zu formen.

Es ist, dann, nur notwendig, dass ein Individuum in Harmonie mit der Schwingung kommt, die die Schöpfung formte, damit es innerhalb der Schöpfung agieren kann, wie der Schöpfer es tat, und wie der Schöpfer es tut. Dies wurde euch von demjenigen, der euch als Jesus bekannt ist, demonstriert. Nicht nur demonstrierte er, was getan werden könnte, in einer sehr kleinen Weise, sondern auch, wie man denkt, um dies zu tun. Leider hat der Mensch auf Planet Erde die Bedeutung des Lebens dieses Mannes falsch interpretiert.

Zu dieser Zeit möchten wir die wahre Bedeutung des Lebens dieses Mannes herausstellen. Es wurde gewünscht, dass jene, die sich über sein Denken und seine Handlungen bewusst sind, dann dem Beispiel folgen und, wie er es tat, mehr in Einklang und in eine harmonische Schwingung mit dem Gedanken ihres Schöpfers kommen.

Wir sind hier, um euch Informationen zu bringen und euch, während Meditation, in einer nicht-intellektuellen Weise die Idee einzuprägen, dass es für euch notwendig ist, die Schwingungsrate eures wirklichen

Wesens zu erhöhen, damit es mit dem ursprünglichen Gedanken unseres Schöpfers harmonisiert. Unsere Lehren werden einfach sein, wie es die Lehren desjenigen waren, der euch als Jesus bekannt ist. Es ist nur notwendig, dass ihr versucht, diese Lehren zu verstehen. Versteht sie in Tiefe. In Tiefe zu verstehen, kann nur durch Meditation getan werden.

Und dann, wenn diese Lehren einmal verstanden sind, wird es nötig sein, dass sie angewendet werden, und dass das Individuum, das sie anzuwenden wünscht, in seinen täglichen Handlungen und in seinem täglichen Denken das Konzept demonstriert, das der ursprüngliche Gedanke war; das Konzept, von dem wir zu euch gesagt haben, dass es Liebe ist. Wir haben dieses Wort verwendet, wie ich gesagt habe, weil es dem ursprünglichen Gedanken so nahe ist, wie wir kommen können, wenn wir Sprache verwenden. Jedoch ist dieses Wort, verglichen mit dem ursprünglichen Gedanken, miniaturhaft. Der ursprüngliche Gedanke kann in eurem Intellekt nur zu einem sehr kleinen Grad erhalten werden. Er muss in eurem ganzen Wesen, durch den Vorgang von Meditation, erhalten werden.

Sobald das getan wird, und sobald eure Handlungen und Denken diesen Gedanken reflektieren, wird sich eure Schwingung erhöhen. Zu diesem Zeitpunkt werdet ihr das Königreich finden, das Einfachheit verstehen muss. Eine komplizierte und sorgfältig kontrollierte Testreihe durchführen zu müssen, um ein Ziel zu erreichen, rührt eher von der Art dieser Illusion her, die sich hier auf der Oberfläche eures Planeten manifestiert.

Aber, meine Lieben, Wahrheit liegt in der gegenüberliegenden Richtung davon. Wie wir früher heute Abend gesagt haben, bringt Meditation euch diese Realisierung auf eine nicht-intellektuelle Weise. Aber von eurer Meditation aufzustehen, meine Freundinnen und Freunde, und die Wahrheit, die ihr gelernt habt, zu demonstrieren, ist tatsächliche eine Herausforderung für eure [Geister].

Denn wie zeigt man das absolut Einfache? Stellt euch vor, wenn ihr wollt, meine Lieben, ein Gefängnis, tief im Untergrund. Dort gibt es altes Metall, und viele rostige Schlüssel. Und im Inneren der alten

Metallzellen in diesem Kerker, tief unter Tage, gibt es viele, viele Gespenster, die man kaum sehen kann. Und doch sind sie gefangen.

Meine Freundinnen und Freunde, ihr haltet euch selbst gefangen. Meditation verbindet euch mit der Wahrheit von Freiheit, mit der Wahrheit von Unendlichkeit. Befreit eure eigenen Geister aus diesen Kerkern, indem ihr einfach versteht, dass jeder intellektuelle Denkprozess ein bloßer Schatten ist, nur ein Geist, und euch nicht schaden, verletzen oder Schmerzen zufügen kann. Sowie diese Schatten verschwinden, erhebt ihr euch aus diesem irdischen, rostigen Denkrahmen, und ihr seid euch bewusst über vielleicht ein Gefühl des Abschieds, der sogar schmerzhaft war, denn es ist schwierig, die Dinge, die euch belasten, gehen zu lassen. Und doch, meine Lieben, wenn ihr wieder oben im Sonnenlicht seid, und die Sonne euch wärmt, und ihr euch zur unendlichen Gnade erheben und nach den Wassern von Wahrheit horchen könnt, habt ihr einen Weg gefunden von Meditation zu Demonstration.

Zu jenen Zeiten, meine Freundinnen und Freunde, in denen die Illusion am stärksten auf euch drückt, und ihr euch in eurem Wunsch nach spirituellem Wachstum fragt, was die Wahrheit davon ist, fragt euch, meine Lieben: „Hat dieses Problem mit meinem spirituellen Wachstum zu tun?" Und, „Hat es mit einem Dienst zu tun, jemandem in spirituellem Wachstum zu helfen?" Meine Lieben, falls die Antwort „ja" ist, ist dieses Problem in dem Bereich, den ich als den Kerker beschrieben habe. Es muss nur losgelassen werden, und dann müsst ihr euch nur über die reale Schöpfung bewusst werden, in ihrer Unendlichkeit, überall um euch herum, denn ihr habt in diesem Moment ein spirituelles Wachsen gezeigt.

Auf dieser Erde von euch, meine Lieben, wimmelt es von vielen, vielen Geschöpfen Unendliche Vielfalt, und unendlich verschiedene Manifestationen von Aktivität. Wir sind alle eins mit euch. Es gibt keine mögliche Beziehung zu ihnen außer Einheit, Liebe und Dienst.

Ich werde euch nun verlassen. Ich bin Hatonn.

17. März 1974

Sonntagsmeditation

(Empfangen von Unbekannt.)

Ich bin Hatonn. Ich grüße euch, meine Freundinnen und Freunde, in der Liebe und im Licht unseres Unendlichen Schöpfers. Ich bin derjenige, der euch als Hatonn bekannt ist.

[Das Mikrofon wird bewegt. Das Instrument sagt: „Das klingt auch nicht so gut."]

Ich bin Hatonn. Ich bin Hatonn. Ich bin mit diesem Instrument. Ich bin mir über eure Probleme bewusst. Ich bin Hatonn. Ich bin Hatonn. Ich werde dieses Instrument konditionieren.

[Pause]

Ich bin Hatonn. Ich bin von neuem bei diesem Instrument. Ich grüße euch, meine Lieben, in der Liebe und im Licht unseres Unendlichen Schöpfers. Es ist ein sehr großes Privileg, bei euch zu sein. Es ist immer ein sehr großes Privileg, in der Lage zu sein, mit euch zu sprechen. Ich habe einige Schwierigkeiten, aber mit Geduld werden wir es schaffen, diesen Kontakt zu etablieren.

Es gibt viele Dinge, die einen Kontakt wie diesen beeinflussen. Dieses Instrument hat durch Praxis gelernt, in der Lage zu sein, seinen Geist von den Gedanken zu klären, in die es sich in seinen normalen täglichen Aktivitäten involviert hat. Es ist notwendig, falls ein guter Kontakt wie dieser gemacht werden soll, dass die Gedanken, die die täglichen Aktivitäten des Individuums betreffen, oder irgendwelche anderen Gedanken für den Zeitraum des Kontakts vom Bewusstsein gelöscht werden. Für einen guten Kontakt ist es notwendig, einen soweit wie möglich geklärten Geist aufrecht zu erhalten. Dies kann in Meditation geübt werden und ein Individuum kann lernen an nichts zu denken. Für einige ist das einfacher, als es für andere ist. Einige von jenen, die in Aktivitäten eingebunden sind, die die Verwendung von intellektuellem Denken und Analyse von Aktivitäten erfordern, finden es manchmal viel schwieriger, den Geist zu klären, als jene, die nicht so mit intellektuellen Problemen belastet sind. Jedoch ist es möglich, dieses Problem zu überwinden, unabhängig von der Vertiefung des intellektuellen Geistes in Aktivitäten und Analyse einer Art, die der Orientierung eines völlig spirituell orientierten Individuums fremd sind. Für jene, die in diese Aktivitäten des Geistes involviert sind, ist es gut möglich zu lernen, diese Gedanken abzuschalten und sich der Gedanken bewusst zu werden, die wir ihnen als ein Resultat ihres Wunsches einprägen. Es ist etwas, das Übung erfordert. Die Menge an Übung hängt von der Leichtigkeit ab, mit der ein Individuum seinen Geist klären kann. Dies variiert innerhalb von Individuen stark. Einige brauchen wenig oder keine Übung. Andere benötigen eine große Menge. Es ist nur notwendig, dass man lernt, an nichts zu denken, damit ein Kontakt, so wie dieser, effektiv ist.

Dieses Instrument hat die Technik fast gemeistert, die notwendig ist, um den intellektuellen Geist, sozusagen, nach Belieben völlig herunterzufahren. Manchmal hat er noch Schwierigkeiten darin, dies zu tun, und aus diesem Grund verwenden wir Konditionierung zu diesen Zeiten, da Konditionierung eine Fokussierung, oder eine gedankliche Konzentration, auf das Phänomen der Konditionierung erzeugt, und daher eine Technik für die Klärung des Geistes aus sich selbst heraus ist. Es ist nicht notwendig, muskuläre Kontrolle für Kommunikation dieser Art zu verwenden, da der Kanal die Fähigkeit, unsere Gedanken in einer direkten Form zu empfangen, gemeistert hat.

Es ist bedauerlich, dass eure Gesellschaft von einer solchen Art ist, dass sie so viele intellektuelle Aktivitäten erzeugt, dass eine Situation entsteht, wo es für viele von jenen, die unsere Gedanken zu empfangen wünschen, schwierig ist, sie zu empfangen.

Wir vom Bündnis der Planeten im Dienst des Unendlichen Schöpfers leben in einer gedanklichen Atmosphäre, die recht rein im Vergleich zu eurer ist. Wir haben kein Bedürfnis, uns in Aktivitäten zu involvieren, mit denen ihr beschäftigt seid und daher können wir eine Bewusstheit dessen aufrechterhalten, was wir aufrecht erhalten möchten - eine Bewusstheit der Route, könntet ihr sagen, unseres spirituellen Suchens. Das ist, zeitweise, recht schwierig aufrecht zu erhalten, wenn man in die Aktivitäten eingebunden ist, die im Überfluss auf der Oberfläche eures Planeten vorhanden sind, und es ist anzuraten, dass, durch fortgesetzte tägliche Meditation, eine Beruhigung des bewussten Geistes möglich ist, für jedes Individuum, und dass diese Beruhigung und dieses Herunterfahren des bewussten Geistes dazu führen wird, für jedes Individuum, eine Fähigkeit [zu entwickeln], auf eine sehr direkte Weise die Gedanken, die wir ihm einprägen, zu empfangen.

Wir vom Bündnis der Planeten im Dienst des Unendlichen Schöpfers prägen diese Gedanken allen ein, die sie wünschen. Es ist für kein Individuum notwendig, unsere Gedanken direkt channeln zu können, wie es dieses Instrument tut, um ein effektiver Kommunikationskanal für unser Bündnis zu sein. Es ist notwendig, dass es mehr als eine Art von Kanal für unsere Gedanken gibt, und wir sind sehr erfreut, Aktivitäten aller Formen zu sehen, die unsere Botschaft zu diejenigen auf eurem Planeten tragen, die sie wünschen. Wir empfehlen, daher, dass jene, die sich wünschen von Dienst zu sein, [sei es] auf [eure eigene Weise von] Dienst oder im [Channeling-] Dienst, in dem wir dienen, einfach tägliche Meditation praktizieren und einen natürlichen Fortschritt in ihrer Suche möglich machen.

[Pause]

Zu dieser Zeit werde ich jedes Mitglied dieser Gruppe konditionieren. Wenn Bewusstheit an nichts aufrechterhalten wird, sollte es für jedes Mitglied dieser Gruppe möglich sein, sich dann meines Kontakts bewusst zu werden. Ich werde nun jedes Mitglied dieser Gruppe konditionieren.

(Empfangen von Unbekannt.)

Es gibt ein Sprichwort auf eurem Planeten, das heißt ‚Alle Wege führen nach Rom.' Das ist ein sehr wahres Sprichwort, wenn ihr den Weg betrachtet, der vor euch allen liegt. Es gibt viele Fragen darüber, welcher Weg zu wählen sei, und es scheint viele Überlegungen und viele Situationen zu geben, für die Handlung richtig scheint. „Und", fragt ihr euch, „Was bedeutet es? Wohin soll ich gehen? Was soll ich tun?"

Doch, meine Freundinnen und Freunde, es gibt Lektionen in jedem Weg, und es ist nicht das, was euch begegnet, was die Rate eures spirituellen Fortschritts anzeigt. Tägliche Meditation, meine Lieben, fördert den Wechsel der Aufmerksamt von der äußeren Illusion zur Unendlichkeit im Inneren. Tägliche Meditation, meine Lieben. Wenn ihr Fragen habt, wie ich sie beschrieben habe, erinnert euch daran, dass die Antworten in euch liegen, und darauf warten durch tägliche Meditation entfaltet zu werden.

Es war mein Privileg, heute Abend mit euch zu sprechen. Ich hoffe, dass ich euch von Dienst war. Ich werde euch nun verlassen. Adonai, meine Lieben, Adonai. Adonai vasu.

18. März 1974

Montagsmeditation

(Empfangen von Don.)

Ich bin Hatonn. Ich bin bei diesem Instrument. Ich grüße euch, meine Lieben, in der Liebe und dem Licht unseres Unendlichen Schöpfers. Es ist ein großartiges Privileg, bei euch zu sein heute Abend. Ich und mein Bruder, der euch als Laitos bekannt ist, sind hier bei euch. Wir werden alle von euch konditionieren. Ihr müsst unseren Kontakt nur wünschen, um ihn zu empfangen. Wir sind hier, um euch zu dienen. Falls ihr unseren Kontakt nutzen wollt, werden wir versuchen, jede und jeden von euch als ein Instrument für Kommunikation zu nutzen. Unsere Gedanken werden euch klargemacht werden, wenn ihr euch einfach entspannt und euch erlaubt, nichts zu denken. Bitte seid geduldig, denn in einigen Fällen wird es beträchtliche Konditionierung brauchen. Wir werden zu dieser Zeit versuchen eines der anderen Instrumente in einer vokalen Weise zu verwenden.

Wie ich euch sagte, ist es nur notwendig, dass ihr an nichts denkt und [*diesen Kontakt*] nutzt. Analysiert [*undeutlich*] eure Gedanken [*undeutlich*] in den Kopf kommen.

(Empfangen von Carla.)

Ich bin nun bei diesem Instrument. Ich bin Hatonn. Es ist ein sehr großes Privileg mit euch zu sprechen. Und es ist eine Freude [*undeutlich*]. Es herrscht viel Verwirrung auf der Oberfläche der Erde. Und es ist tatsächlich ein Privileg mit jenen zu kommunizieren, die suchen. Das Licht, das ihr tagsüber seht, ist in Wahrheit Schönheit und Kraft. Du und eure Brüder und ich und meine Brüder und jedes Individuum [*undeutlich*] teilen diese Realität miteinander. Ihr kommt in die Meditation, bringt euren Verstand nicht mit, meine Lieben. Lasst ihn fallen, setzt ihn ab. Er wird euch nicht dienen, nur täuschen. Entspannt, meditiert und falls ihr uns zu dienen wünscht, ist es unsere größte Freude, bei euch zu sein und euch in jeder Weise zu helfen, in der wir können.

Ich werde nun versuchen ein weiteres [*Instrument*] zu kontaktieren, falls sie [*uns*] nutzen möchte.

(Empfangen von Unbekannt.)

Ich bin Hatonn.

(Empfangen von Don.)

Ich bin Hatonn. Ich bin wieder bei diesem Instrument. Es ist ein großes Privileg, jene zu verwenden, die sich wünschen uns vom Bündnis der Planeten im Dienst des Unendlichen Schöpfers zu unterstützen.

Wir verstehen, dass es schwierig ist, in einer sehr kurzen Zeitperiode für unsere Gedanken empfänglich zu werden. Es ist nicht etwas, das auf diesem Planeten üblich ist. Jedoch können wir euch versichern, dass jede und jeder in der Lage ist, dies zu tun. Notwendig ist nur, dass sie oder er zu empfangen wünscht, was wir euch geben: unser Verständnis der Wahrheit der Schöpfung.

Es ist schwierig von einer Umgebung zu wechseln, die wenig Bedarf nach der Form von Kommunikation [hat], die wir nun mit diesem Instrument praktizieren. Für viele, die wir zu kontaktieren versuchen, ist es wie eine neue Sprache zu lernen. Es ist jedoch sehr einfach und erfordert nur, dass das Individuum den Kontakt wünscht [und] uns in täglicher Meditation nutzt.

Es wird Zeiten geben, wenn er oder sie denkt, dass sie keinen Fortschritt machen. Aber Fortschritt zeigt sich nicht immer durch eine physische Manifestation. Fortschritt wird unabhängig von den physischen Manifestationen erzielt. Alles, was nötig ist, ist, dass Meditation praktiziert wird.

Es gibt viele verschiedene Arten von Kanälen unserer Gedanken und unserer Kommunikationen. Einige, so wie dieses Instrument, empfangen unsere Gedanken direkt und sprechen sie sofort aus, wie sie empfangen werden. Einige empfangen unsere Gedanken auf eine konzeptuelle Weise und wiederholen die Gedanken in einem Zeitintervall, nachdem sie empfangen wurden. Einige werden zu einem gewissen Grad auf eine muskuläre Weise gesteuert, könntet ihr sagen, um ihre Bewusstheit und Verständnis des Gedankens zu verstärken.

Dieses Instrument hat [die] Fähigkeit entwickelt, Sprechen als eine Form von Kommunikation, von der ich gesprochen habe, zu verwenden. Dies wird bewerkstelligt, indem man sich unsere Konzepte in Meditation zunutze macht. Zu dieser Zeit verwendet er eine Form von Kommunikation, die einfach beinhaltet, das auszusprechen, was wir ihm geben. Er hat seinen Geist von allen anderen Gedanken geklärt und ist einfach empfänglich für alles, was ihm eingeprägt wird. Es ist sehr schwer für ein Individuum, das [nicht] mit der Kommunikationsform in dieser Linie vertraut ist, dies auf eine sehr schnelle Weise zu tun, weil es zu analysieren versucht, was ihm gegeben wird. Es versucht, in seinem eigenen Geist Dinge um die herum zu formulieren, die ihm gegeben werden. Dieses Instrument ist zu diesem Zeitpunkt einfach empfänglich und spricht aus, was wir ihm geben. Dies erzeugt eine einfache, aber effektive Form von Kommunikation. Wir werden versuchen, dies in allen hervorzubringen, die sich unseren Kontakt wünschen. Alles, was notwendig ist, ist, dass sie [den] Kontakt ausreichend wünschen, um Zeit in täglicher Meditation zu verbringen. Es wird für sie nicht notwendig sein, den Konditionierungsvorgang zu erfahren, der bei diesen Kontakten in jeder Meditationssitzung üblich ist, denn dies ist nicht immer wünschenswert. Jedoch wird es muskuläres Konditionieren geben, das einhergeht mit den direkten Kontakten in neuen Instrumenten.

19. März 1974

Dienstagsmeditation (I)

(Empfangen von Don.)

Ich bin Hatonn. Ich grüße euch, meine Freundinnen und Freunde, in der Liebe und dem Licht unseres unendlichen Schöpfers. Es ist ein großes Privileg, von neuem bei euch zu sein. Wir haben heute Abend viele hier, die jene von uns, die im Dienst unseres unendlichen Schöpfers sind, zu kontaktieren wünschen. Es ist ein großes Privileg, mit so vielen zu sein, die den gleichen Wunsch haben. Wir vom Bündnis der Planeten im Dienst des Unendlichen Schöpfers sind hier, um euch auf jede Weise zu kontaktieren, in der wir innerhalb der Grenzen unseres Verständnisses des Wunsches der Menschen können, die auf diesem Planeten, der als Erde bekannt ist, weilen.

Ich und mein Bruder Laitos werden zu dieser Zeit alle von euch, die unseren Kontakt wünschen, konditionieren. Und wir werden sprechen, indem wir jene von euch verwenden, die in einem ausreichenden Ausmaß eine Bewusstheit unserer Gedanken erreicht haben, um sie an jene im Raum zu channeln, die [sie zu hören] wünschen. Ich werde zu dieser Zeit versuchen zu sprechen, indem ich eines der anderen Instrumente verwende. Falls jene, die unseren Kontakt wünschen, unseren Kontakt zu dieser Zeit nutzen wollen, werden wir jeden derjenigen verwenden, die sich unserer Gedanken bewusst geworden sind.

(Empfangen von Unbekannt.)

Ich bin Hatonn. Es ist ein Privileg durch dieses Instrument zu sprechen. Ihr müsst uns nur nutzen. Es ist nur notwendig, dass ihr all eure Gedanken aus eurem Geist klärt. Ich werde dieses Instrument nun verlassen und fortfahren jene, zu konditionieren, die es wünschen.

(Empfangen von Carla.)

Ich bin Hatonn. Ich bin sehr froh, jedes neue Instrument zu verwenden. Ich und meine Brüder sind sehr privilegiert, mit euch zu arbeiten. Unser einziger Wunsch ist es, euch in jeglicher Weise zu dienen, in der wir können, und allen auf der Oberfläche eures Planeten zu helfen, dass wir die kontaktieren können, die kontaktiert werden möchten. Und daher sind wir sehr erfreut, neue Instrumente zu entwickeln, wie ihr selbst. Und wir versichern euch, dass, falls ihr euch wünscht, diese Fähigkeit zu erhalten, sie zu euch kommen wird. Ihr müsst euch nur entspannen, meditieren und euch unseren Kontakt zunutze machen. Wir werden zu jeder Zeit verfügbar sein, um euch die Gedanken der Lehren von [*undeutlich*] wie ihr sie wünscht.

Meine Lieben, eure Meditationen sind wie eine Art Einlagerung einer anderen Energie. Ein Aufladen, falls ihr so wollt, eine Erhöhung eurer potenziellen Kräfte. Bedenkt dies, meine Freundinnen und Freunde: Es ist tatsächlich ein Dienst, einer, in dem wir euch zu helfen wünschen, in jeder Weise, in der wir können, damit ihr unsere Gedanken direkt channeln könnt. Meine Lieben, sind wir nicht alle Kanäle, und demonstrieren wir nicht in all unseren Aspekten immer etwas? Was, meine Freundinnen und Freunde, demonstriert ihr? Schaut um euch, meine Lieben, schaut auf das Wasser, wie es entlang des Ufers läuft, und frei fließt, nicht auswählt, sondern unendlich, gleich, von Ort zu Ort geht. Schaut auf den Regen, wenn er über das Meer fällt; er sucht sich nicht aus, hierhin oder dorthin zu fallen, sondern breitet sich gleichmäßig aus. Betrachtet die Atmosphäre, meine Freundinnen und Freunde, die ewig um eure Pole herum fließt [*undeutlich*]. Sie gleicht sich selbst aus, und wählt nicht diesen oder jenen Kurs aus, sondern wählt sie alle. Die Erde, meine Lieben, [*undeutlich*] aber wählt nicht aus, meine Lieben. Sie gibt, welchen Dienst sie an jene zu geben hat, die bitten. Bedenkt, dass ihr Kanäle seid, meine Freundinnen und Freunde, jeden Tag, in allem, was ihr tut und sagt. Nehmt dieses Potenzial, das ihr gesteigert habt, meine Lieben, und [*undeutlich*] in euch. Nehmt es, denn ihr habt es tatsächlich, und demonstriert es, so gut ihr könnt, denn ihr seid bereits Kanäle, doch es gibt einen Platz für Kontakte einer direkten Art [*undeutlich*] so wie diese und viele andere, die ihr vom Bündnis der Planeten im Dienst des Unendlichen Schöpfers gehört habt. Es ist unsere große Freude, bei euch zu sein. Zu dieser Zeit werde ich versuchen, diesen Kontakt an jemand anders zu übertragen.

(*Empfangen von Unbekannt.*)

Ich bin Hatonn. Ich bin nun bei diesem Instrument. Dieses Instrument muss versuchen, seinen Geist zu klären, damit es unsere Gedanken besser empfangen kann. Es gibt viele auf eurem Planeten, die in der Zukunft Kanäle werden. Es gibt viel Arbeit zu tun. Die Zeit der großen Ernte ist da. Wir vom Bündnis der Planeten im Dienst des Unendlichen Schöpfers stehen bereit, um euch in dieser Ernte zur Seite zu stehen. Bald, meine Freundinnen und Freunde, wird es mehr Gelegenheiten für euch geben, um für eure Mitmenschen von Dienst zu sein, als ihr ihnen im Moment anbieten könnt.

[*Undeutlich*]

... dienen können. Dienen zu können durch die Stimulierung Anderer, die Wahrheit zu suchen, und ihnen dadurch in ihrem spirituellen Fortschreiten zu helfen. Das, meine Lieben, ist die großartigste Sache, die man für jemand anderen tun kann: jemand anderem in ihrer oder seiner spirituellen Entwicklung zu helfen. Ich und meine Brüder stehen euch, wie wir viele Male in der Vergangenheit gesagt haben, immer zur Verfügung, um euch zu helfen – das ist unsere Aufgabe. Alles, was nötig ist, ist, dass ihr es wollt und nutzt. Ich werde nun versuchen ein weiteres der neuen Instrumente zu verwenden, die wir konditionieren.

[*Pause*]

Ich bin wieder bei diesem Instrument. Es tut mir leid, dass ich nicht zu derjenigen, die als R bekannt ist, durchgekommen bin. Wir sind uns sicher, dass sie in der Zukunft ...

[*Undeutlich*]

(*Empfangen von Don.*)

Ich bin bei diesem Instrument. Ich bin Hatonn. Es ist mir ein großes Privileg gewesen, alle von jenen von euch zu konditionieren, die [es] wünschen. Ich bin zu dieser Zeit in einem Schiff, das weit über eurem Wohnort ist. Es ist ein Schiff, das wir vom Bündnis der Planeten im Dienst des Unendlichen Schöpfers verwenden, um von Planet zu Planet zu reisen. Es ist ein kleines Schiff, das manchmal für Reisen zwischen Planeten verwendet wird. Für unsere Zwecke ist es jedoch ausreichend zu sagen, dass es ein Schiff ist, das uns viel Bewegungsfreiheit ermöglicht. Wir sind uns darüber bewusst, dass die Menschen eures Planeten unsere Schiffe viele Male gesehen haben, ohne unseren Zweck für den Besuch des Planeten, der als Erde bekannt ist, zu verstehen. Das ist, jedoch, kein Problem. Unser Zweck ist, dass unsere Schiffe zu einem gewissen Ausmaß gesehen werden. Viele jener, die auf diesem Planeten weilen, haben begonnen, von unseren Schiffen als das zu denken, was sie tatsächlich sind: Schiffe von einem anderen Planeten als dieser. Sie werden nicht überrascht sein, zu erfahren, dass die Besatzungen dieser Schiffe Nachrichten an jene auf Erden überbracht haben, die sie empfangen wollten. Das ist der Zustand, der über die vergangenen letzten Jahre geschaffen wurde. Und es ist der beste Zustand, um unter vielen der Menschen von Erde Suchen hervorzubringen.

Das ist notwendig, wenn ein Individuum die Wahrheit der Schöpfung realisieren soll. Es ist notwendig, dass es diese Wahrheit sucht. Es wird in der sehr nahen Zukunft viele geben, die danach suchen, die Wahrheit von der Schöpfung zu finden. Viele haben danach gesucht, die Wahrheit über unser Schiff herauszufinden, aber sie wurden mit dieser Information nicht belohnt, weil ihr Suchen von einer Art war, die zu keinem wirklichen Gewinn für sie führen wird. Die Suche, die notwendig ist, damit ein Individuum tatsächlich gewinnvoll Fortschritt macht, ist in der spirituellen Natur zu suchen. Wir haben versucht, eine Atmosphäre zur Verfügung zu stellen, in der Suche ein erzeugtes Ergebnis unserer Anwesenheit ist. Wir haben dann versucht Antworten zu liefern; Antworten auf Suche einer spirituellen Art.

[*Tonband endet.*]

19. März 1974

Dienstagsmeditation (II)

(Empfangen von Don.)

Ich bin Hatonn. Ich grüße euch, meine Lieben, in der Liebe und im Licht unseres unendlichen Schöpfers. Es ist ein großes Privileg, an diesem Abend bei euch zu sein. Es ist immer ein sehr großes Privileg, mit jenen zu sein, die suchen.

Meine Freundinnen und Freunde, ihr seid Suchende. Wenn ihr keine Suchenden wärt, würdet ihr nicht hier sein. Suchen, meine Lieben, ist die wichtigste Sache, die ihr zu dieser Zeit in eurer Existenz tun könnt, und in jeder zukünftigen oder vergangenen Erfahrung.

Warum, mögt ihr fragen, ist Suchen von so großer Wichtigkeit? Freunde, wir entwickeln uns alle. Auf eurem Planeten gibt es viele Evolutionstheorien. Keine von ihnen ist korrekt. Evolution findet als ein Produkt von Bewusstsein statt. Bewusstsein entwickelt sich auf mehrere, unterschiedliche Weisen, aber Bewusstsein entwickelt sich nur mit einer schnellen Geschwindigkeit, wenn es von Bewusstsein gelenkt wird. Diese Ausrichtung ist als Suche bekannt. Es gibt viele Dinge, nach denen die Menschen eures Planeten suchen. Jedoch wird nach dem Verständnis ihres eigenen Bewusstseins von sehr, sehr wenigen gesucht, und das ist notwendig, wenn sie eine Beschleunigung in ihrer Evolution erzeugen wollen, und das wünschen wir, die verstehen, dass der Evolutionsprozess stattfindet, und was die Gewinne von Entwicklung sind, uns alle.

Viele Probleme plagen die Menschen eures Planeten. Da gibt es Probleme einer politischen Natur. Da gibt es Probleme einer wirtschaftlichen Natur. Da gibt es Probleme einer emotionalen Natur, und viele, viele andere Probleme. Einige der Menschen eures Planeten sind, überhaupt nicht, von irgendeinem dieser Probleme, betroffen, denn ihre Evolution von Bewusstsein hat sie von einem Zustand des Beeinflusst-Werdens durch diese Art von Situationen entfernt. Diese sind, dann, diejenigen, die in der Lage sind, Anderen zu dienen, Anderen darin zu dienen, die Notwendigkeit und Freude von Suche zu entdecken. Sie sind in der Lage Anderen zu dienen, denn sie können ihr Wissen, welches sie durch Suchen erhalten haben, demonstrieren.

Auf jeden Effekt, der von einem Individuum in seiner täglichen Existenz empfunden wird, kommt es zu einer Reaktion. Die Reaktion, die das Individuum erlebt, hängt von seinem Entwicklungszustand ab. Der Mensch, der euch als Jesus bekannt ist, der letzte der großen Lehrer auf eurem Planeten, zeigte Reaktionen auf die Effekte seiner Umwelt, ganz anders als jene um ihn herum. Die Grundlage seiner Reaktionen war sein eigener Zustand von entwickeltem Bewusstsein. Er war in der Lage, die Wahrheit von allem zu verstehen, was er erlebte, und weil er dies tun konnte, wirklich mit Intelligenz zu reagieren und seinen Mitmenschen zu dienen, wurde als jemand anerkannt, dem man folgen konnte. Das, meine Lieben, ist der einzige Weg, der zur Bildung zur Verfügung gestellt wird, der nötig ist, damit die Menschen dieses Planeten mit ihrer Entwicklung von Bewusstsein weitermachen können. Dafür gibt es einen sehr guten Grund. Der Grund, meine Lieben, ist, dass es keinen besseren Weg gibt, um das zu tun.

Es ist notwendig, dass ein Individuum seine eigene Suche initiiert. Es ist notwendig, dass, wenn es seine Suche initiiert hat, dass es sie zu einem Zustand von Realisierung und Erkenntnis fortführt. Auf diese Weise entwickelt es sich, und auf keine andere Weise, nachdem es diesen Zustand erreicht, wo sie Suche initiieren kann.

Viele der Menschen auf euerem Planeten haben zu dieser Zeit diesen Zustand erreicht und benötigen nur ein wenig Ansporn, um sich diese kleine Distanz weiter vorwärts zu dem Ziel zu bewegen, von dem wir alle verstehen, dass es das ist, was wir wirklich wünschen.

Zu dieser Zeit werden ich diesen Kontakt zu dem anderen Instrument transferieren.

(Empfangen von Carla.)

Ich bin Hatonn. Wie ich sagte, meine Lieben, ist eure Suche höchst wichtig.

Man kann es sich, sagen wir, wie einen Projektor vorstellen, der zwei Komponenten hat: die Ausrichtung des Projektors, und die Kraft, welche diese Suche auf dem Projektor antreibt. Das Suchen an sich ist weitgehend der richtunggebende Anteil des Projektors. Die Energie, welche diese Suche antreibt, ist die auswirkende Funktion der Einheit, die zwischen euch und der Schöpfung besteht. Es steht eine unendliche Menge an Energie für alle Wesen zu jeder Zeit zur Verfügung und, wenn richtig ausgerichtet und voll realisiert, gibt es keine Grenze hinsichtlich wie weit man suchen mag. Jedoch variiert der Grad an Realisierung der Einheit zwischen den Suchenden und der Schöpfung, von der sie teil sind, von Individuum zu Individuum, und durch Meditation wird eine engere und festere Verwirklichung dieser Einheit erhalten. Mit einer sorgfältig ausgerichteten Suche, gezielt und vorbereitet und mit dem Energiekanal geöffnet, brecht ihr zu eurer Suche auf.

Wir sind uns bewusst, dass es nicht immer so leicht getan ist wie gesagt, und wir möchten nicht nahelegen, dass wir uns nicht der Schwierigkeiten bewusst sind, innerhalb dieser Illusion zu arbeiten, die ihr nun genießt. Aber, meine Freundinnen und Freunde, was ihr sucht, ist überall um euch herum. Ihr habt euch selbst vor dem eingemauert, was ihr sucht, weil es, innerhalb der Illusion, ein Sicherheit-schaffender Faktor zu sein scheint, Mauern zu haben; physische Mauern, geistige Verteidigungsmauern, emotionale Grenzen, über die jedes Individuum nicht' hinausgeht. Denn, es wünscht sich, innerhalb seiner Mauern sicher zu sein, und innerhalb dieser Illusion schaffen ihm diese Mauern Sicherheit.

Aber, meine Lieben, das *ist* die Illusion. Die Realität ist, dass ihr teil der Einheit seid. Es gibt niemand anderen als euch. Das, was ihr sucht, ist das, was ihr seid. Ihr müsst nur in die volle Verwirklichung dieser Einheit kommen, und was ihr sucht, wird eures sein. Das, meine Lieben, ist euer Geburtsrecht.

Es ist unser großartiges Privileg, zu versuchen, jene eures Planeten, die dies zu hören wünschen, darauf aufmerksam zu machen, dass dies wahr ist. Wir hoffen, dass euch diese Gedanken von Dienst waren.

Ich werde dieses Instrument zu dieser Zeit verlassen. Ich verlasse euch in der Liebe und dem Licht unseres unendlichen Schöpfers. Adonai, meine Lieben. Adonai vasu.

23. März 1974

Samstagsmeditation

(Empfangen von Carla.)

Ich bin Hatonn. Ich grüße euch, meine Lieben, in der Liebe und dem Licht unseres unendlichen Schöpfers. Es ist mein großartiges Privileg, an diesem Abend bei euch zu sein. Wir vom Bündnis der Planeten im Dienst des Unendlichen Schöpfers sind immer privilegiert, mit jenen auf der Oberfläche eures Planeten zu sprechen, die sich Verständnis wünschen. Das ist unser Dienst an die Menschen dieser Erde.

Und doch ist dieser Dienst indirekt. Verständnis, meine Lieben, ist, was wir empfinden, dass es die wertvollste Ware ist, die wir anbieten können. Unser Verständnis hat uns ermöglicht, einige Dinge zu tun, die jene auf der Oberfläche des Planeten, auf dem ihr jetzt lebt, nicht [genießen]. Wir können mirakulöse Dinge verstehen, die für uns überhaupt nicht wundersam sind, und von denen wir allen, die zu suchen wünschen, versprechen können, dass sie keine Wunder sind und zu natürlichen Dingen [für euch] werden können. Und wie machen wir das? Auf indirekte Weise, meine Lieben. Wir möchten einen Weg des Verstehens geben; wir möchten nicht insistieren oder überzeugen.

Wir haben vorgeschlagen, dass der Weg zu Verständnis Meditation ist. Meine Freundinnen und Freunde, dieser Vorschlag wurde den Menschen eures Planeten viele, viele Male in der Vergangenheit, in der einen oder anderen Form, gemacht. Der große Lehrer, der euch Menschen als Jesus bekannt ist, verstand die Wahrheit von spiritueller Suche und demonstrierte in seinem täglichen Leben das spirituelle Suchen, von dem wir sprechen.

Jene von euch, die es gewünscht haben, empfangen Konditionierung und wir werden zu jeder Zeit bei euch sein, um euch in jeder Weise zu unterstützen, in der wir können. Unser Geschenk und unser Dienst an euch ist einfach unser Verständnis der Wahrheit. Wir suchen immer noch. Wir sind nicht aus der höchsten Autorität, noch würden wir jemals bei jemandem darauf bestehen, dem zuzuhören, was wir zu sagen haben, falls ein anderer Denkmodus nützlicher erscheinen würde. Daher, meine Freundinnen und Freunde, ist Verstehen immer nur für eine Person zu einer Zeit möglich. Jede Person ist vollständig frei, zu jeder Zeit zu wählen. Deshalb sind wir indirekt. Wir mögen euch Dinge sagen, über die ihr in der Privatheit eurer eigenen Gedanken nachdenken mögt, aber was ihr entscheidet zu tun, ist vollständig eure eigene Idee.

Dies ist, wie es sein sollte, meine Lieben. Und was ist unser Verständnis? Unser Verständnis, meine Lieben, dieser Illusion, welche für das physische Leben auf eurem Planeten gehalten wird, ist, dass sie aus einem Weg besteht, einem Pfad, dem gefolgt werden soll, und Lektionen, die es zu lernen gibt. Es gibt so viele Wege, wie es Menschen gibt, meine Freundinnen und Freunde, und es gibt keine festgelegten Lektionen. Aber nach sehr vielen erfolgten Lektionen, meine Lieben, kommt eine Zeit, wenn alle der Lektionen zu einer anderen Zusammenstellung wechseln. Und jene, die für den Wechsel bereit sind, gehen zu einem neuen Set an Lektionen weiter.

Unser Verständnis, meine Freundinnen und Freunde, ist, dass der Planet, der als Erde bekannt ist, sich dem Ende eines Sets dieser Lektionen annähert. Und daher ist Abschluss für einige in Reichweite und nicht in Reichweite für andere. Viele Menschen balancieren tänzelnd zwischen Weitergehen und diese Lektionen einen weiteren Kreislauf oder Zeit lang zu wiederholen. Unser Wunsch, meine Lieben, ist, jenen zu helfen, die für den Abschluss fast bereit sind.

Wir hatten einigen Erfolg in der Vergangenheit darin, diesen Dienst an anderen Orten und zu anderen Zeiten an andere Bevölkerungen in ihrem Abschluss zu geben. Wir sind hoffnungsvoll, diese gleiche Sache hier zu tun. Das ist unser inbrünstiger Wunsch, denn in unserem Dienst an euch liegt unser Dienst an uns selbst. Indem wir euch dienen, sind wir in der Lage, auf dem spirituellen Weg fortzuschreiten. Unsere einzige Hoffnung ist, euch in jeder Weise zu helfen, in der wir können.

Zu dieser Zeit werde ich versuchen jene von euch zu konditionieren, die es wünschen, falls ihr meinen Kontakt für euch nutzen mögt.

[*Undeutlich*]

(Empfangen von Carla.)

Ich bin Hatonn. Ich bin wieder bei diesem Instrument. Ich werde euch zu dieser Zeit verlassen, meine Freundinnen und Freunde. Ich lasse euch in der Liebe und dem Licht unseres unendlichen Schöpfers zurück. Sucht Verständnis, meine Lieben. Sucht durch Meditation und sucht nach dem Grund dafür, dass der Meister-Lehrer, der als Jesus bekannt ist, sich von Zeit zu Zeit an einen Platz zurückzog, wo es still war. Dort gab es etwas, das er suchte. Sucht nach der Stille, wo euch viel Verständnis erwartet.

Ich verlasse euch nun, aber ich werde zu jeder Zeit bei euch sein, wenn ihr meinen Kontakt wünscht. Adonai, meine Lieben. Adonai.

24. März 1974

Sonntagsmeditation

(Empfangen von Unbekannt.)

Ich bin Hatonn. Ich grüße euch, meine Freundinnen und Freunde, in der Liebe und in dem Lichte unseres unendlichen Schöpfers. Einmal mehr ist es ein großes Privileg, bei euch zu sein.

Ich bin derjenige, der euch als Hatonn bekannt ist. Und doch, bin ich viele. Ich identifiziere mich euch gegenüber als Hatonn und doch bedeutet dies nicht, was es auf der Oberfläche eures Planeten bedeutet. Ich bin Hatonn, aber was bedeutet das? Bedeutet es, dass ich ein Mensch bin, der woanders weilt und jetzt zu euch spricht, indem er eine Technik verwendet, die ihr als Telepathie kennengelernt habt? Oder bedeutet es etwas anderes?

Ich bin Hatonn. Ich und meine Brüder sind bei euch; jeder von uns ist bei euch, zu dieser Zeit und zu allen Zeiten sind wir bei euch, denn wir können nicht getrennt werden.

Es gibt etwas Schwierigkeiten mit diesem Kontakt, bitte seid geduldig.

Ich bin Hatonn. Ich bin bei diesem Instrument. Ich grüße euch, meine Freundinnen und Freunde, in der Liebe und in dem Licht unseres unendlichen Schöpfers. Es tut mir leid, dass es zu Schwierigkeiten und der Verzögerung kam, aber wir haben keinen sehr guten Kontakt etabliert. Wir werden fortfahren.

Ich sagte, dass ich Hatonn bin. Ich identifiziere mich euch gegenüber als derjenige, den ihr als Hatonn kennt. Jedoch ist dies für den Zweck, einen Kontakt zwischen euch und uns herzustellen. Wir, vom Planeten Hatonn, sind als Hatonn bekannt. Diese Identifikation ist eher eine Adresse, als dass sie eine Identifikation eines separaten Teils der Schöpfung ist. Wir erkennen keine Trennung in dieser Schöpfung an. Wir anerkennen nur Einheit. Es ist jedoch praktisch, eine Adresse zu haben, das heißt ein System des Ortes von Teilen der Einheit. Und aus diesem Grund, identifizieren wir uns selbst als Hatonn.

Zu einer späteren Zeit wird mein Bruder, Laitos, hinsichtlich eurer Frage sprechen. Zur jetzigen Zeit möchte ich nur herausstellen, dass diese Identifikation nur verwendet wird, um euch auf unsere Lokalisierung aufmerksam zu machen. Wir betrachten uns selbst nicht als getrennt von euch oder irgendeinem anderen Individuum in dieser Schöpfung.

Ich werde das Instrument wieder für eine kurze Zeit konditionieren, bitte seid geduldig.

[*Pause*]

Ich bin Hatonn. Ich bin wieder bei diesem Instrument. Wir entschuldigen uns für die die Verzögerung. Wie haben etwas Schwierigkeiten. Ich bin bei euch, meine Lieben, in der Liebe und im Licht unseres unendlichen Schöpfers. Es ist ein sehr großes Privileg, diesen Kontakt herzustellen. Wir werden versuchen ohne die Schwierigkeiten, die wir erlebt haben, fortzufahren.

Wir vom Bündnis der Planeten im Dienst des Unendlichen Schöpfers sind immer bei euch. Wir sind hier, um euch zu dienen und wir sind immer bei euch. Wir sind hier, um euch unser Verständnis der Wahrheit dieser Schöpfung zu bringen. Diese Wahrheit möchten wir euch bringen, weil ihr sie wünscht. Das ist unser Ziel: dem Menschen aus der Erde das zu bringen, was er wünscht. Leider können wir nicht all jenen, die auf der Erde weilen genau das bringen, was sie wünschen, denn wir haben es nicht, um es ihnen zu geben. Wir haben, jedoch, an jene, die es wünschen, unser Verständnis der Arbeitsweisen dieser Schöpfung zu geben.

Das ist, was wir zum Menschen der Erde bringen. Wir versuchen, jenen, die unsere Lehre annehmen möchten, ein sehr, sehr einfache Lektion zu lehren. Das ist die Lektion, die von jeder Menschheit über die ganze Schöpfung hinweg gebraucht wird. [Und] das ist, eigentlich, alles, was benötigt wird, denn diese Lektion wird dann zu seiner Kenntnis aller Dinge führen. Wir haben versucht, dem Menschen auf Erden dieses Wissen seit vielen seiner Jahre zu geben. Wir haben über das hindurch, was ihr seit alten Zeiten auf diesem Planeten betrachten würdet, versucht, der Menschheit – jenen, die es sich wünschten – das Wissen zu bringen; das Wissen, das notwendig ist, um alle der unendlichen Erfahrungen zu erleben, die von unserem Schöpfer erschaffen wurden. Einige von denen, die auf diesem Planeten weilen, haben diese Lehren in der Vergangenheit angenommen und haben davon profitiert; weit über irgendetwas profitiert, das jene sich vorstellen könnten, die die Vorzüge nicht erfahren. Wir haben seit vielen Jahren versucht, all jenen, die diese Lehren wünschen, die sehr einfachen Lehren zu bringen, die euch ermöglichen, alles zu wissen. Jedoch wurden diese Lehren nicht sehr gut verstanden.

Ich werde euch, zu dieser Zeit, eine Geschichte erzählen, eine Geschichte, die einiges von dem illustriert, was wir versuchen euch zu beschreiben.

Auf eurem Planeten lebte einmal ein Mann. Dieser Mann hatte großen materiellen Reichtum und dies gab ihm, was er als Macht ansaht, denn viele seiner Mitmenschen würden eifrig seine Anweisungen für einen Teil seines Reichtums ausführen ...

Wie ich sagt ... gab es einen Mann auf eurem Planeten, der großen Reichtum hatte, und in diesem Reichtum sah er viel Macht. Denn seine Mitmenschen würden begierig seine Anweisungen ausführen, um an diesem Reichtum teilzuhaben. Und, aus diesem Grund, erfordern Viele jener, die auf diesem Planeten, bekannt für euch als Erde, weilen, riesige Mengen an materiellem Reichtum und erlangen deshalb, was sie für viel Macht halten. Was von jenen Menschen nicht verstanden wird, ist, dass sie im Erlangen dieses Reichtums und im Versuchen, durch diesen Reichtum viel Macht zu besitzen, eine unendliche Macht abgeben, für das, was eigentlich überhaupt keine Macht ist.

Der Mann, von dem ich sprach, der viel Reichtum hatte, verwandte ihn, um seine Wünsche zu befriedigen. Und seine Wünsche waren Dinge, von denen er dachte, dass er sie wollte und brauchte. Denn er sah in diesem Reichtum nicht nur ein großes Glück, das davon kommen würde, diese Dinge zu besitzen, die er wünschte, und all seine Mitmenschen um ihn herum zu beherrschen, sondern auch eine große Sicherheit darin, dass er keine Not für den Rest seiner Tage nötig hätte. Und daher war er sehr versessen auf seine Ansammlung von Reichtum. Und alles, was er sich wünschte, war ihm zu Befehl, und er hatte [einen] hohen Status.

Aber an einer Sache mangelte es ihm. Ihm fehlte Liebe. Denn sie wurde ihm von jenen um ihn herum nicht gegeben. Und das verstand er nicht. Und ihm wurde sein Bedürfnis nach dieser Erfahrung, die er Liebe nannte, bewusst und er machte sich daran zu entdecken, wie man sie erhält. Und der befragte jene um ihn herum und fragte sie, warum ihm keine Liebe gegeben würde. Und sie konnten nicht antworten, denn sie wussten es nicht.

Und so ging er zu einem weisen Mann und bot ihm an, viel von seinem Reichtum zu bezahlen, falls er ihm erzählen würde, wie man Liebe erhält. Und der weise Mann gab dem reichen Mann alles, was er besaß, denn alles, was er besaß, war eine mitleiderregende, kleine Menge. Und den Mann von großem Reichtum nahm sie an. Denn er hatte vor langer Zeit entschlossen, niemals ein Geschenk abzulehnen. Und er ließ den weisen Mann zurück und ging nach Hause und dachte über dieses Geschenk nach, das den weisen Mann mittellos zurückließ. Denn er hatte den weisen Mann nicht bezahlt. Denn der weise Mann hatte ihm nicht erzählt, wie man Liebe findet.

Und nachdem einige Tage vergangen waren, kehrte er zu dem weisen Mann zurück, denn er konnte nicht verstehen, warum ihm von demjenigen, von dem gesagt wurde, dass er so weise sei, alles gegeben wurde, was dieser besaß. Und als er ihn fragte, wurde ihm von dem weisen Mann geantwortet, der sagte: "Es ist, weil ich große Liebe für dich habe und du Reichtum wünschst. Deswegen gebe ich dir das, was ich zu deinen Reichtümern hinzuzufügen habe, denn das ist, was du wünschst."

Und in diesem Moment blickte der Mann von großem Reichtum auf den weisen Mann und sagte: "Und im Gegenzug erkannte ich, zum ersten Mal, Liebe."

Und er gab dem weisen Mann großen Reichtum. Und indem er dies tat, empfand er eine sogar noch größere Liebe. Denn, zum ersten Mal, hatte er die Wahrheit der Geschenke des Schöpfers an Seine Kinder [kennen]gelernt. Und dieser Mann hatte großes Glück, denn es war ihm möglich geworden, einen Weg zu entdecken, um Liebe zu erzeugen.

Und doch fährt der Mensch auf Erden fort, innerhalb seiner materiellen Illusion zu suchen; fährt fort, das zu suchen, was keinen realen Wert hat. Denn ihm mangelt es an Glauben und Vertrauen. Er steht auf der Oberfläche dieses Planeten und erfährt alle der Geschenke seines Schöpfers. Er atmet die Luft und riecht den Duft der Blüten und ist in Gesellschaft seines Mitmenschen und findet viele Dinge vor, die für ihn zu Verfügung gestellt wurden. Und doch versteht er nicht. Er hat nicht das Vertrauen, dass er innerhalb der Schöpfung versorgt wird, und aufgrund dieses Mangels an Vertrauen findet er Schwierigkeiten, denn er versteht Glauben und Vertrauen nicht.

Daher sucht der Mensch in vielen Fällen nicht das Wissen des weisen Mannes. Sondern er sucht eine Sicherheit und eine Macht, die nicht sicher ist und keine Macht ist.

Ich werde dieses Instrument zu dieser Zeit verlassen. Ich entschuldige mich für die extremen Schwierigkeiten mit diesem Kontakt. Ich bin derjenige, der als Hatonn bekannt ist. Adonai vasu.

28. März 1974

Donnerstagsmeditation

(Empfangen von Don.)

Ich bin Hatonn. Ich bin bei diesem Instrument. Ich grüße euch, meine Freundinnen und Freunde, in Liebe und Licht unseres unendlichen Schöpfers. Es ist ein großartiges Privileg, bei euch zu sein. Ich und meine Brüder fühlen uns immer privilegiert, bei euch zu sein.

Ich bin zu dieser Zeit in einem Raumschiff. Ein Raumschiff, das ihr eine fliegende Untertasse nennen würdet. Dieses Schiff ist in eurer Atmosphäre.

Ich bin mir über eure Gedanken bewusst. Dies erscheint den Menschen eures Planeten als seltsam. Lasst mich euch jedoch versichern, dass es überhaupt nicht seltsam ist.

Wir vom Bündnis der Planeten im Dienst des Unendlichen Schöpfers sind uns seit vielen eurer Jahre über viele Prinzipien der Realität bewusst. Wir sind uns dieser Prinzipien bewusst, weil wir uns ihrer bedient haben, genau wie die Menschen eures Planeten es tun können.

Dieses Instrument ist fähig gewesen, wie es andere waren, sich unserer Gedanken bewusst zu werden, wenn wir sie an es richten. Das ist die normale Art zu kommunizieren. Die Methode, die von den Menschen eures Planeten verwendet wird, ist überhaupt nicht normal. Der Turmbau zu Babel, auf den in eurer Bibel bezogen wird, bezieht sich auf den Verlust der Fähigkeit der Menschen zu dieser Zeit, miteinander zu kommunizieren, indem verwendet wird, was ihr Telepathie nennt. Telepathie ist die normale Technik für Kommunikation. Es ist nur [so], dass es notwendig ist, mit dem beabsichtigten Ausdruck von Liebe, der dieses Universum erschaffen hat, in Einklang zu sein, um zu verwenden, was ihr Telepathie nennt, wie es beabsichtigt war.

Wir vom Bündnis aus Planeten verwenden diese Form von Kommunikation und wir können jeden unserer Brüder so leicht kontaktieren, wie ihr euer Telefon nutzen würdet. Es ist etwas, das wir sehr gewöhnt sind zu tun. Es ist so einfach für uns, wie atmen oder zuhören oder sprechen für euch einfach ist. In der Illusion, in der ihr euch jetzt befindet, findet ihr, dass ihr von euren Brüdern [und Schwestern] isoliert seid, außer durch das Medium der Illusion. Um zu kommunizieren ist es notwendig, dass ihr euch verbal ausdrückt und [es] dann mittels Klangwellen durch die Luft übertragt, um [es] an eure Brüder auszudrücken, oder es ist notwendig, dass ihr ein elektrisches oder elektronisches Gerät benutzt. In anderen Worten kommt es zu einer Trennung zwischen eurem Bewusstsein und anderem Bewusstsein, die die Illusion ist. Die Trennung ist Illusion und ist nicht Realität.

Durch Meditation ist es möglich, die Illusion, die ihr im Moment erlebt, welche die Trennung erzeugt – eine illusorische Trennung – zu dem zu reduzieren, was sie tatsächlich ist – eine völlige Illusion. Wir haben fortgesetzt über Meditation zu euch gesprochen. Wir haben viele Male über Realität und über Liebe und über Verstehen gesprochen. Und doch, scheint ihr nicht in der Lage zu sein, die Illusion zu überwinden. Die Illusion ist extrem stark. Sie erscheint so, als ob sie für euch zur jetzigen Zeit stark [wäre]. Für uns hat die Illusion jedoch keine Konsequenz. Wir erscheinen euch viele Male als die Illusion, anstatt der Illusion, die eure Trennung von euren Brüdern [und Schwestern] auf eurem Planeten verursacht. Die Wahrheit ist, natürlich, das Gegenteil. Wir sind Realität.

Wie könnt ihr dann Realität erfahren? Und ich definiere Realität als das, was das ursprüngliche Konzept unseres Schöpfers ist, anstatt seiner Erweiterungen durch die Experimente Seiner Kinder. Wir sind in der Verwendung eurer Sprache etwas eingeschränkt, da es, um diese Konzepte auszudrücken, notwendig ist, ein System zu verwenden, das innerhalb der Illusion entwickelt wurde, und daher gänzlich darauf basiert, einen Wert innerhalb der Illusion zu haben.

Beim Sprechen zu euch durch ein Instrument, auf diese Weise, ist es deshalb notwendig, zu sprechen, indem diese Konzepte verwendet werden, die – da sie von einem illusorischen Ursprung sind – zumindest teilweise illusorische Definitionen vermitteln. Es spielt jedoch keine Rolle, dass es unmöglich ist, intellektuell präzise zu kommunizieren, was wir zu vermitteln versuchen. Es ist wichtiger, dass wir den Bedarf nach nicht-intellektuellen Kommunikationen einprägen, Kommunikationen, die direkt sind und nicht beschränkt sind durch ein semantisches System, das in einem völlig irrigen Konzept entwickelt wurde.

Aus diesem Grund haben wir angefangen, von der Notwendigkeit von Meditation zu sprechen. Wir werden fortfahren, von dieser Notwendigkeit zu sprechen, da dies aktuell der einzige Weg ist, mit dem jemand auf eurem Planeten zu dieser Zeit von jenen von uns unterstützt werden kann, die hier sind, um zu dienen. Worum es uns zur jetzigen Zeit am meisten geht, ist, dass es zu definitivem Fortschritt bei denjenigen kommt, die sich wünschen, Fortschritt zu machen. Wenn dies mit irgendeiner Schnelligkeit geschehen soll, dann wird es notwendig sein, die Illusion zu tilgen. Dies kann erreicht werden, indem ihr jede einzelne Facette der Illusion, die euch in eurer täglichen Existenz belastet, analysiert und ihr sie dann auf ihre richtige Dimension reduziert. Ihre richtige Dimension, meine Lieben, ist die von Nicht-Existenz. Was wichtig ist, ist dass man die Illusion als das erkennt, was sie ist. Es ist wichtig, dass man Reaktionen auf die Illusion als das erkennt, was sie sind. [Und] es ist sehr wichtig, dass man die Wahrheit der Liebe des Schöpfers erkennt, und wie sie sich durch euch ausdrückt. Wenn dies getan wird, und es durch tägliche Meditation verstärkt wird, kann es zu extrem schnellem Fortschritt kommen, hin zu einer Vereinigung mit uns, die in dem Licht leben können, das von unserem Schöpfer zu unserer Freude zur Verfügung gestellt wurde.

Es ist extrem wichtig, dass jeder Gedanke, der von einem Individuum generiert wird, das sich wünscht, Fortschritt zu machen, sofort bei seiner Erzeugung analysiert wird. Falls dieser Gedanke ein Gedanke ist, der durch die falsche Illusion erzeugt wurde, dann sollte dieser Gedanke sofort abgelehnt werden. Es ist möglich, den Wert eines erzeugten Gedankens zu wissen. Dies ist möglich, indem man lernt, einen fortgesetzten Zustand von Meditation aufrecht zu erhalten.

Es gibt viele Dinge, die in eurer täglichen Aktivität geschehen, die durch Potenziale[2] innerhalb der Illusion erzeugt werden. Dies sind die Dinge, die sorgfältig beobachtet werden müssen. Der Grund für die Illusion, meine Lieben, ist einer, den der Mensch auf der Erde erzeugt hat. Er hat sie aus Wunsch[3] heraus erzeugt. Diese Illusion ist nützlich. Sie ist sehr nützlich für jene, die wünschen mögen, sich mit einer sehr schnellen Geschwindigkeit zu entwickeln, indem sie sie erleben und sie dann meistern, während sie in ihr sind. Viele von uns, die euren Planeten jetzt umkreisen, würden sich wünschen, diese Gelegenheit zu haben, die ihr habt, die Gelegenheit, innerhalb der Illusion zu sein, und dann durch die Erzeugung von Verständnis die Potenziale der Illusion zu meistern. Dies ist ein Weg, um spirituell Fortschritt zu gewinnen und er wurde von vielen unserer Brüder ausgesucht.

Ich kann die Notwendigkeit nicht überbetonen, fähig zu werden, die Natur der Potenziale innerhalb eurer Illusion zu verstehen, und dann durch Selbst-Analyse und Meditation darauf in einer Weise zu reagieren, die den Gedanken ausdrücken wird, der uns erschaffen hat: der Gedanke unseres Schöpfers. Von dem Lehrer, den ihr als Jesus kennt, wurde dies getan. Dieser Mensch erkannte seine Position. Er erkannte die Illusion. Er verstand den Grund für die Potenziale innerhalb der Illusion. Und seine Reaktionen auf diese Potenziale und Aktivitäten in der Illusion war eine Reaktion, die den Gedanken unseres Schöpfers ausdrückte; ein Gedanke aus Liebe.

Behaltet zuvorderst in eurem Geist, dass die Illusion, die ihr erlebt, eine Illusion ist, die für den Zweck euch zu lehren umgibt. Sie kann euch nur lehren, wenn ihr euch ihrer Lehren bewusst werdet. Es wird gesagt „Er bewirkte Seine Wunder auf geheimnisvolle Weise". Das mag mysteriös scheinen, jedoch ist es der Weg von spiritueller Entwicklung. Es gibt viele Seelen, die die Illusion erfahren, in der ihr euch selbst befindet; jedoch gibt es Wenige, die diese Illusion nutzen, um zu wachsen. Sie machen dies nur auf einer subliminalen Ebene,

---

[2] Synonyme von Potenzial(e) sind unter anderem Möglichkeiten, Spannungen und Leistungsfähigkeit.

[3] Im engl. Original *desire*: auch Verlangen, Sehnsucht, Begehren, Gelüste.

weil sie sich durch ihr Suchen kein Wissen über die Möglichkeit, dies zu tun, genutzt haben.

Sobald ein Individuum sich der Möglichkeit bewusst geworden ist, die Illusion, in der es sich in eurer physischen Welt befindet, für die Entwicklung von spirituellem Wachstum zu nutzen, ist es notwendig, dass es den nächsten Schritt unternimmt und sein Wissen nutzt, um, unabhängig der Potenziale, welche es beeinflussen, die Liebe und das Verständnis seines Schöpfers auszudrücken.

Ich habe ausführlich darüber gesprochen. Es ist extrem einfach. Für jene von uns in Seinem Dienst sind die Konzepte, von denen ich gesprochen habe, selbstverständlich. Ihr versteht diese Konzepte auch; jedoch gehen sie in eurem Wachzustand verloren, aufgrund der Eindrücke der Illusion, die mit euch gewesen ist. Es ist an euch, das Wissen, das wir versuchen in euch wiederzuerwecken, zu nutzen, um die Liebe und das Verständnis auszudrücken, die zwischen allen Menschen existieren. Macht dies, denn das ist, was ihr euch wünscht. Und wenn ihr dies tut, meine Lieben, wird es euch sofort offensichtlich werden, dass es ist, was ihr wünscht. Macht es die ganze Zeit. Das ist möglich, wenn Meditationen, so wie diese, auf täglicher Basis sind und individuelle Meditationen, solche, mit denen ihr selbst weitermachen könnt, auf einer fortgesetzten und konstanten Basis sind.

Behaltet eine Bewusstheit der Wahrheit, die in euch ist, aufrecht. Lasst nicht die Illusion euer Denken beherrschen. In der Umwelt, die ihr jetzt erlebt, wird es fortgesetzte Kommunikationen von Anderen innerhalb der Illusion geben, die versuchen – ohne dass es ihr Fehler ist – die Erinnerung an Wahrheit, die ihr durch Meditation hervorruft, zu verwischen. Vor diesen [Kommunikationen] muss man sich schützen, denn nur, wenn ihr eine Bewusstheit über diese Wahrheit aufrechterhaltet, könnt ihr jenen von Dienst sein, die eure Unterstützung suchen, selbst wenn sie, im Suchen, euch Konditionen der Illusion aufdrücken mögen, die ihr nicht zu akzeptieren wünscht. Eine Bewusstheit, die ihr durch Meditation aufrechthaltet, wird jedoch die illusionären Konzepte auf ihren tatsächlichen Platz begrenzen, auf den Platz, der totale Illusion ist, nicht Realität, meine Lieben. [Die Illusion ist] Nichts, ein unsichtbares Gewebe aus Nichts. Denkt zurück, in was ihr als Zeit betrachtet, sagen wir, ein Jahr. Denkt an all die Potenziale innerhalb der Illusion, die ihr in dieser Zeit erlebt habt und wie sie euch heute betreffen. Denkt fünf Jahre oder zehn oder fünfzehn zurück. Die Illusion hat keine langanhaltenden Effekte, meine Lieben. Sie löst sich auf. Sie ist ein Gewebe aus Nichts. Wer seid ihr heute? Und warum seid ihr ihr, heute? Wegen eures Denkens. Der Grund sind eure Reaktionen auf die Illusion, vielleicht, den Schöpfer höchst definitiv.

Worin liegt Wahrheit, meine Freundinnen und Freunde? Sie liegt in euch. In eurer Fähigkeit, sie auszudrücken, liegt eure Fähigkeit zu dienen. In eurer Reaktion auf die Illusion liegt eure Fähigkeit, eure Bewusstheit zu demonstrieren und daher euren Wert in Dienst. Bedenkt dies sorgfältig, meine Lieben. Denn so wachst ihr.

Ich hoffe, dass ich von Dienst gewesen bin. Ich bin Hatonn. Adonai vasu borragus.

Glossar

Adonai vasu borragus

Seitdem Beginn der Aufzeichnungen 1958 verwenden die *Bündnis der Planeten*-Mitglieder die Worte „Adonai", „Vasu", und diese zwei kombiniert mit „Borragus" als Gruß(formel) am Ende einer Sitzung oder wenn der Kontakt übertragen wird. Nach den Informationen des Bündnisses entstammen diese Klangschwingungen einer sogenannten Sonnensprache „Solex Mal". Adonai bezeichnet, wie im Hebräischen, den Schöpfer, genauso wie „Vasu" in Sanskrit. „Borragus" trägt eine vielleicht dem „Namasté" ähnliche Bedeutung, sodass der gesamte Gruß in Richtung eines „Gegrüßt sei der Schöpfer in dir" interpretiert werden kann. Eine andere Variante kann lauten:

„Geh' immer mit dem Schöpfer. Sei immer der Schöpfer zu deinen Nächsten und ermögliche ihnen, der Schöpfer zu dir zu sein."

In der Botschaft vom 1. April 1990 hat Q'uo es so ausgedrückt:

„Diese Worte bieten einen Dank an das kristallreine Licht in jedem Wesen an, das nach der Anwesenheit des Kontakts gerufen hat, der durch ein Instrument spricht. „Der Herr des Lichts" ist eine wörtliche Übersetzung des „Adonai". „Vasu" und „Borragus" haben Bedeutungen, denen „der Eine, der im Inneren und für immer herrscht" nahekommt. Dies wird als die Essenz jedes Wesens betrachtet und wird als eine passende Grußformel am Ende von Botschaften empfunden, die in Wahrheit von dem Einen zu dem Einen gesprochen werden."

Bündnis (der Planeten im Dienst des Unendlichen Schöpfers)

Das Bündnis der Planeten (oft abgekürzt das „Bündnis" genannt) ist eine Gruppe, die aus 53 Zivilisationen besteht und rund 500 planetare Bewusstseine umfasst, zusammen mit Wesen aus den inneren Ebenen der Erde und Wesen, die die dritte Dichte der Erde abgeschlossen haben. Es ist in dem Sinne eine wirkliche Konföderation, dass ihre Mitglieder nicht ähnlich / gleich sind, sondern alle in Dienst nach dem Gesetz des Einen vereint sind. In diesem Bündnis legen alle sozialen Erinnerungskomplexe ihre kollektiven Daten in ein zentrales Repositorium, das dann für alle Mitglieder zugänglich ist.

In der Galaxie gibt es viele Bündnisse, aber in fast allen Fällen bezieht sich dieser Begriff auf dasjenige, welches der Erde dient.

Während sein Gegenstück, das Orion-Reich, sich selbst aufruft, um zu erobern, wartet das Bündnis der Planeten auf den Ruf nach Dienst.

Dichte

Eine von sieben (oder acht, abhängig von der Perspektive) Dimensionen oder Entwicklungszyklen in einer Oktave von Erfahrung. Sie wird „Dichte" genannt, weil jede nachfolgende Dichte *dichter* mit Licht „vollgepackt" ist. Ähnlich einer Tonleiter sind sieben „Dichten" in einer Oktave gruppiert, wobei die achte Dichte die erste der nächsten Oktave beginnt, in einer unendlichen Anordnung von Oktaven. Jede Dichte repräsentiert ein Quanten-Schwingungsspektrum oder Anteil von intelligenter Energie, und jede Dichte kreist, oder bewegt sich, zur nächsten Dichte, entsprechend der vorbestimmten, uhr-ähnlichen Rhythmen von intelligenter Energie.

Vom Logos geplant und gestaltet, bietet jede Dichte von Erfahrung ihr eigenen festgelegten Lektionen und Parameter, die gelernt und verstanden werden müssen, um den Übergang zu überqueren und aus einer Dichte in die nächste abzuschließen. Jede Dichte hat sieben Unterdichten. Jede Unterdichte hat sieben Unter-Unterdichten, und unendlich so weiter. Die Kernschwingungen der sieben Dichtestufen haben eine Verbindung zu den sieben Echtfarben und den sieben Energiezentren.

Dienst an Anderen (Positiver Weg)

Einer der zwei Wege von Polarität, die in dritte Dichte-Erfahrung gewählt werden. Auch der Weg dessen was ist genannt; Liebe, Akzeptanz und auszustrahlen sind die Merkmale des positiven Weges. Der positive Weg strebt danach, die Einheit aller Dinge zu verstehen und dreht sich um das Verstehen, Erfahren, Annehmen und Vermischung von Selbst und Anderem-Selbst, und schließlich mit dem Schöpfer. Im Wunsch, Anderen zu dienen, liegt der fundamentale Respekt für den freien Willen aller Wesen und daher erwartet ein positives Wesen den Ruf nach Dienst und dient nur soweit, wie darum gebeten wird. Die beste Art von Dienst an Anderen ist der ständige Versuch, danach zu streben, die Liebe des Schöpfers, wie sie vom inneren Selbst erkannt wird, zu teilen. Dieser Weg versucht, das volle Spektrum an Energiezentren zu öffnen und ins Gleichgewicht zu bringen.

Dienst am Selbst (Negativer Weg)

Einer der zwei Wege von Polarität, die in dritte Dichte-Erfahrung gewählt werden. Auch *der Weg dessen, was nicht ist* genannt; Kontrolle, Manipulation und zu absorbieren sind die Merkmale des negativen Weges. Dieser Weg gründet auf Trennung und der Manipulation, Übertretung und Versklavung des freien Willens aller anderen Selbste zum Nutzen des Selbst. Dies benötigt ein Auslassen und Leugnen von universeller Liebe, oder dem grüner Strahl-Energiezentrum. Da es dem Dienst-am-Selbst-Wesen daher an Empathie mangelt, wartet es nicht auf den Ruf nach Dienst, sondern ruft sich selbst zur Eroberung auf.

Einstimmung / Tuning – In Harmonie bringen, ähnlich dem Stimmen

eines Musikinstruments. Beinhaltet Aktivitäten wie die Energiezentren in ein harmonisches Gleichgewicht zu bringen oder das Selbst so einzustimmen, dass es zur Schwingung eines Kontakts für Channeling passt.

Meditation

Ra beschreibt Meditation als eine grundlegende Voraussetzung für spirituell Suchende, denn ohne eine solche Methode der Umkehr des analytischen (Denk-)Vorgangs könnte man die vielen Erkenntnisse in solcher Suche nicht zu einer Einheit integrieren. Sie mochten keine beste Art zu meditieren ausgeben, sondern beschrieben breite Kategorien:

1. Die **passive Meditation** beinhaltet die Klärung des Geistes und das Entleeren des geistigen Wirrwarrs, das für den menschlichen Geistkomplex charakteristisch ist. Dies ist eine wirksame Methode für jene, deren Ziel es ist, eine innere Stille als eine Basis zu finden, von der aus sie dem Schöpfer zuhören können. Es ist bei weitem die allgemein nützlichste Art von Meditation, anders als Kontemplation oder Gebet.

2. **Kontemplation** oder die Betrachtung eines inspirierenden Bildes, Texts oder spirituellen Prinzips in einem meditativen Zustand.

3. Die Fähigkeit des Willens, die **Gebet** genannt wird. Ob es wirklich eine hilfreiche Aktivität ist, hängt recht vollständig von den Absichten und Zielen desjenigen ab, der betet.

4. Das (Haupt-)Werkzeug von Adeptinnen und Adepten ist die Art von Meditation, die **Visualisierung** genannt werden kann. Wenn sich die Fähigkeit, visuelle Bilder im Geist halten zu können, in einer Adeptin oder einem Adepten kristallisiert hat, kann diese Person dann, ohne äußere Handlung, Polarisierung in Bewusstsein verrichten, welche das planetare Bewusstsein beeinflussen kann. Nur jene, die sich wünschen, die bewusste Anhebung der planetaren Schwingung zu verfolgen, werden Visualisierung als eine besonders zufriedenstellende Art von Meditation empfinden.

Ursprünglicher Gedanke – Alle Dinge, alles Leben, die ganze Schöpfung ist Teil des Einen Ursprünglichen Gedankens. In jeder Oktave enthält dieser Ursprüngliche Gedanke die Ernte aller Erfahrung des Schöpfers durch den Schöpfer aus den vorangehenden Oktaven. Zum Beispiel war die Ernte der vorherigen Oktave in unsere jetzige Oktave hinein die Effizienz der Männlich/Weiblich-Polarität, und der Schöpfer von Liebe, manifestiert in Geist, Körper und Seele.

Wahl (die)

Die hauptsächliche Funktion der sehr intensiven, sehr kurzen dritte Dichte-Erfahrung ist das Treffen der *Wahl*: den positiven Weg des Dienstes an Anderen oder den negativen Weg des Dienstes am Selbst zu wählen und sich dem gewählten Weg hinzugeben. Falls der Katalyst von dritter Dichte erfolgreich genutzt wird, um die Wahl zu treffen, d.h. um sich zu polarisieren und das Bewusstsein auszurichten (gemessen in Schwingungsraten von 51% für Dienst an Anderen und 95% für Dienst am Selbst), dann wird das Wesen, zur Zeit der Ernte, von dritter zu vierter Dichte abschließen.

Weitere Informationen

Im *Das Gesetz des Einen*-Verlag (Deutschland) sind zahlreiche Veröffentlichungen auf Basis der von L/L Research empfangenen Botschaften erschienen, unter anderen *Der Ra-Kontakt: Das Gesetz des Einen lehren*.

Auch werden weitere Werke von Carla L. Rückert (1943-2015) wie „Living the Law of One, 101 – The Choice" (*Das Gesetz des Einen leben, Das 1x1: Die Wahl*) nach und nach herausgegeben, neben einer wachsenden, deutschen Bibliothek an Botschaften des *Bündnisses der Planeten im Dienst des Einen Unendlichen Schöpfers*.

Nach eigenen Aussagen sind die Mitglieder außerplanetare Wesenheiten aus höheren „Dichtestufen", die seit 1972 durch L/L Research im Rahmen des ursprünglich von Don Elkins angelegten Channeling-Experiments in einem telepathischen Übermittlungs- und Kommunikationsvorgang empfangen werden.

Bislang unter anderem erschienen sind:

Der Ra-Kontakt: Das Gesetz des Einen lehren

- Gesamtausgabe, Hard- & Softcover
- Band I (Sitzung 1-56)
- Band II (Sitzung 57-106)
- Gesamtindex und Glossar

Das Gesetz des Einen leben, Das 1x1: Die Wahl

Carla Rückerts Einführung in die Philosophie und Anwendung des Gesetzes des Einen

Übersetzung: Jochen Blumenthal

Außerirdische Kommunikation
Telepathische Daten gesammelt 1958-61 von D. T. Elkins

Stimmen des Bündnisses
Don Elkins, Carla L. Rückert

Bündniskontakt-Sammlungen

- *Wer will erleuchtet werden? Bündnisbotschaften 2016/2017*

- *Das Bündnis der Planeten: Botschaften 2017 (II)*

- *Das Bündnis der Planeten: Botschaften 2017 (I)*

- *Das Bündnis der Planeten: Botschaften 2016 (II)*

- *Ernte auf Planet Erde: Bündnisbotschaften 2015/2016*

- *Das Bündnis der Planeten: Botschaften 2016 (I)*

- *Das Prinzip von Q'uo Botschaften 2015*

- *Das Bündnis der Planeten: Die ersten Botschaften: Band 1: 1972 bis Januar 1974*

- *Das Bündnis der Planeten: Die ersten Botschaften: Band 2: Februar 1974*